LA POLITIQUE

DE

BOSSUET

DU MÊME AUTEUR

TABLEAU DES PROGRÈS DE LA PENSÉE HUMAINE, depuis Thalès jusqu'à Hegel. 1 vol. in-8, 3ᵉ édit.; Paris, Didier, 1867.

LA PHILOSOPHIE DE SAINT AUGUSTIN. Ouvrage couronné par l'Institut (*Académie des sciences morales et politiques*), 2 vol. in-8, 2ᵉ édit.; Paris, Didier, 1866.

LA PHILOSOPHIE DE LEIBNIZ. Ouvrage couronné par l'Institut, (*Académie des sciences morales et politiques*), 1 vol. in-8; Paris, Hachette, 1860.

LA NATURE HUMAINE, ESSAIS DE PSYCHOLOGIE APPLIQUÉE. Ouvrage couronné par l'Institut (*Académie des sciences morales et politiques*). 1 vol. in-8; Paris, Didier, 1865.

LA PHILOSOPHIE DE BOSSUET, avec des fragments inédits. 1 vol. in-8, nouv. édit.; Paris, Ladrange, 1862.

EXPOSITION DE LA THÉORIE PLATONICIENNE DES IDÉES. 1 vol. in-18; Paris, Ladrange, 1858.

LES PÈRES DE L'ÉGLISE LATINE. 2 vol. in-12; Paris, Hachette, 1856.

LE CARDINAL P. DE BÉRULLE. 1 vol. in-12; Paris, Didier, 1856.

LE DIX-HUITIÈME SIÈCLE ET LA RÉVOLUTION FRANÇAISE. 1 vol. in-12; Paris, Douniol, 1862.

PORTRAITS ET ÉTUDES, avec des fragments inédits. 1 vol. in-12, nouv. édit.; Paris, Didier, 1863.

SPINOZA ET LE NATURALISME CONTEMPORAIN. 1 vol. in-12; Paris, Didier, 1866.

MÉMOIRES LUS A L'INSTITUT

(ACADÉMIE DES SCIENCES MORALES ET POLITIQUES)

UNE VISITE A HANOVRE, SEPTEMBRE 1860. Mémoire sur les manuscrits de Leibniz; Paris, Durand, 1861.

DES SOURCES DE LA PHILOSOPHIE DE BOSSUET. Paris, Durand, 1862.

Pour paraître prochainement :

LES SYSTÈMES, ESSAIS DE PSYCHOLOGIE CRITIQUE. Ouvrage couronné par l'Institut (*Académie des sciences morales et politiques*), 1 vol. in-8. »

LA
POLITIQUE

DE

BOSSUET

PAR

NOURRISSON

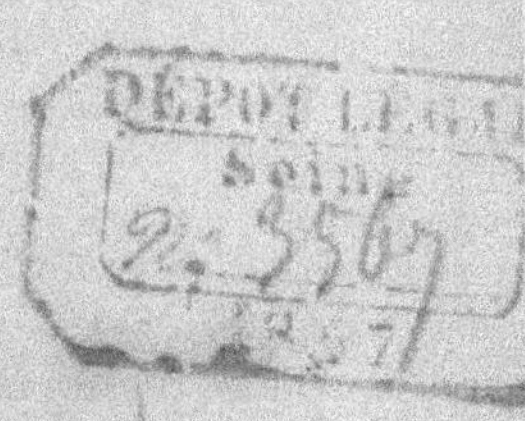

PARIS

LIBRAIRIE ACADÉMIQUE

DIDIER ET Cⁱᵉ, LIBRAIRES-ÉDITEURS

35, QUAI DES AUGUSTINS

—

1867

AVERTISSEMENT

Cet écrit, par où je termine toute une série d'études déjà anciennes sur Bossuet (1), a été lu à l'Académie des sciences

---

(1) *Essai sur la Philosophie de Bossuet*, avec des fragments inédits; Paris, in-8, 1852. — *Portraits et Études*, Paris, 1863, in-12; nouvelle édition : *Le Quiétisme*, 1851. — *Candidature de Bossuet à l'Académie française*, 1853. — *De la Vie de Bossuet*, 1855. — *Mémoires et Journal de l'abbé Le Dieu*, 1859. — *Des sources de la Philosophie de Bossuet*; Paris, 1862, in-8.

morales et politiques dans ses séances des 7, 21, 28 juillet, 3 et 24 octobre 1866.

Avant de publier ce travail, je ne me suis point borné à le retoucher avec soin, sans d'ailleurs en modifier aucunement le fond. Je l'ai accru de nombreuses notes qui offriront, ce me semble, quelque intérêt. Outre des éclaircissements utiles, on y trouvera, en effet, comme une histoire de la philosophie politique au dix-septième siècle. D'autre part, rapprochée ainsi des œuvres contemporaines analogues, œuvres trop oubliées, l'œuvre même de Bossuet apparaîtra d'autant mieux, si je ne me trompe, sous son véritable jour.

Je n'ai voulu, quant à moi, en pareille matière, ni rabaisser Bossuet, ni l'exalter.

J'ajoute que mon âge mûr n'a rien à rabattre
de l'enthousiasme qu'inspiraient à ma jeunesse l'éloquence et le bon sens de ce grand
homme. J'ose penser néanmoins qu'on
s'attendra à lire dans ces pages autre chose
qu'une analyse purement admirative de sa
Politique.

Avril 1867.

DE LA POLITIQUE

TIRÉE DES PROPRES PAROLES DE L'ÉCRITURE SAINTE

I

De la politique. — Politique de faits; son insuffisance. Politique de principes; sa nécessité. — Politique réelle et politique idéale. Leur lutte et leur accord. — Platon, Spinoza, Rousseau. — Aristote, Bodin, Montesquieu. — Machiavel, Hobbes, Bossuet. — Critiques et apologistes. — *La Politique* de Bossuet ordinairement délaissée, et pourquoi. — Raisons de l'étudier. Intérêt historique, philosophique, littéraire de cette étude.

Il n'y a pas de science plus populaire tout ensemble et moins faite pour la foule; qui brille, au premier abord, de plus d'évidence et qui recèle au fond plus d'obscurité; qui attire plus puissamment par son objet et qui rebute davantage par ses périls, que la science du gouvernement ou la politique. On se demande même parfois si cette science ne se réduirait pas à une sorte de pénétration supérieure et comme à un empirisme raffiné. Effectivement, connaître les instincts d'un peuple et ses besoins, avoir une juste idée de son génie et de la nature du sol qu'il habite, apprécier d'une manière exacte quelles alliances il lui faut cultiver et quelles rivalités il lui est nécessaire de combattre, ne sont-ce pas là les conditions essentielles de toute politique ?

Et cependant, qui ne voit, à l'entendre de la sorte, quelle serait l'infirmité radicale d'un gouvernement ? Assis sur les faits, il lui manquerait ce solide fondement que donnent seuls les principes. Mobile comme l'intérêt, il suffirait peut-être à l'existence matérielle d'une nation, mais nullement à sa grandeur. Armé pour d'égoïstes conquêtes, il ne saurait être un instrument de civilisation.

C'est pourquoi, à côté de ces hommes que le vieil Homère appelle les pasteurs des peuples, et qui en ont été tour à tour la providence et le fléau; guerriers ou législateurs, acteurs violents ou timides, mais en somme plus préoccupés des événements que des idées, et moins inquiets, pour la plupart, de l'avenir, que soucieux du présent; de tout temps, de méditatives intelligences se sont trouvées, qui, dans le secret de leur pensée solitaire, ont pris à tâche de déterminer les lois primordiales de la science du gouvernement. A une politique de faits elles ont hardiment opposé une politique de principes, à une politique réelle une politique idéale. Et il est impossible de méconnaître que si, de ces deux politiques, l'une a souvent troublé l'autre, elle l'a plus souvent encore avertie, redressée, entraînée, comme par une irrésistible impulsion, dans les voies de l'amélioration et du progrès.

Ces théoriciens de la science politique ne viennent pas d'ailleurs tous au même rang et veulent être soigneusement distingués.

Les uns, dédaigneux de l'expérience, affligés ou irrités par le spectacle des choses humaines, ont cherché à se consoler de ce qui était, en imaginant ce qui aurait dû être. Sympathiques et poétiques penseurs, logiciens inflexibles et superbes, ils ont, par haine de nos vices, méconnu jusqu'à nos vertus; à la passion vivante substitué les déductions fatales de la géométrie, ou rêvé sur la terre l'angélique innocence du ciel. On a nommé un Platon, un Spinoza, un Rousseau.

Les autres, analystes curieux, observateurs patients ou profonds, ont voulu, dans la contemplation du passé, démêler, avec la correction du présent, la préparation de l'avenir. Sous les ruines de politiques caduques, ils ont eu confiance qu'ils découvriraient les éléments d'une politique impérissable. De la lettre des constitutions ils se sont efforcés d'en dégager l'esprit. On a nommé un Aristote, un Bodin, un Montesquieu.

Évidemment, malgré les différences qui les séparent, les uns et les autres présentent néanmoins ce commun caractère, qu'ils se montrent mal satisfaits de la réalité qu'ils ont sous les yeux. En conséquence, les uns et les autres ont tenté, quoique par des voies diverses, brusquement ou peu à peu, d'élever cette réalité jusqu'aux termes de l'idéal.

Or, à ces deux classes de spéculatifs s'en ajoute une troisième dont les visées sont toutes contraires. Effectivement, ce n'est plus de l'idéal que ces nouveaux théoriciens se proposent de rapprocher la réalité. C'est la réalité elle-même qu'ils transforment en idéal. Ce n'est plus une critique des gouvernements qu'ils entreprennent, mais l'apologie d'un gouvernement. En somme, loin de ramener aux principes les faits, ce sont en quelque manière les faits qu'ils s'évertuent à ériger en principes. On a nommé un Machiavel, un Thomas Hobbes, un Bossuet. Car la tyrannie, le despotisme, l'absolutisme ont rencontré de tels panégyristes. Ni Machiavel n'a rien conçu de supérieur aux intrigues des petits princes italiens du seizième siècle; ni Hobbes, au protectorat de Cromwell; ni Bossuet, à la monarchie de Louis XIV. Le vol de leur génie est venu se briser aux étroites limites de leur pays et de leur temps.

Cependant, tandis que Machiavel exerce depuis tant d'années la sagacité des commentateurs, qu'il laisse encore hésitant sur le sens ironique ou sérieux de ses maximes corruptrices; tandis que l'Empire de Hobbes ne cesse de susciter d'ardentes et victorieuses contradictions; d'ordinaire, la politique tirée de l'Écriture par Bossuet n'est guère prise qu'en indifférence ou même en dédain (1). On répugne à envisager des doctrines que l'on estime surannées ; tout système théocratique est tellement percé à jour qu'on en décline à l'avance jusqu'à l'exposition ; surtout on se sent peu de goût à discuter des enseignements que leur auteur a mis immédiatement sous la sauvegarde de l'Esprit-Saint. Tranchons le mot, si la première place est dévolue d'un consentement unanime à Bossuet orateur, il semble que Bossuet politique aille se perdre dans la foule des utopistes. Ou encore, conseiller d'État du Grand Roi, on incline à présumer qu'il n'a su faire autre chose que réduire en maximes les sentiments de ce maître altier.

(1) Ce n'est pas que plus d'une fois on n'ait examiné, au moins d'une manière incidente, la *Politique* de Bossuet. Voyez notamment la savante *Histoire de la Philosophie morale et politique dans l'antiquité et les temps modernes*, par M. Paul Janet. Paris, 1860, 2 vol. in-8, liv. IV, sect. I, ch. III, *Bossuet et Locke*; t. II, p. 278 et suiv.

Ce jugement reste-t-il sans appel, ou bien ne serait-il qu'un préjugé?

A Dieu ne plaise que j'aie le dessein, même à la suite de Bossuet, de réhabiliter l'absolutisme! Une pareille tentative ne serait guère aujourd'hui qu'une odieuse extravagance. Il n'y a pas, à cette heure, un esprit de quelque droiture, qui ne s'affirme et ne se croie sincèrement libéral, et cette qualification, que le dix-septième siècle ne connaissait pas, a comme remplacé, parmi nous, malgré d'étranges abus, celle de l'honnête homme. Inséparable désormais de la langue que nous parlons, elle atteste par l'empire des mots l'inviolable empire des idées.

Toutefois, si la politique tirée de l'Écriture n'est plus un code social à notre usage, il ne s'ensuit certainement pas que ce soit peine perdue que de l'étudier.

Et d'abord, il en est, à tout le moins, de cet ouvrage comme des monuments grandioses, dont l'archéologie contemporaine interprète les ruines. A coup sûr, les temples et les propylées de l'Égypte, par exemple, ne sont plus pour notre architecture des modèles; mais ces édifices conservent cet avantage qu'ils nous initient aux secrets d'une société disparue. De même, où trouver plus fortement empreinte que dans les maximes politiques qui en furent la règle, une fidèle image du régime monarchique de la France sous Louis XIV?

Ces maximes, aussi bien, sont-elles de tout point erronées? Dégagées de ce qu'elles renferment d'excessif, n'offrent-elles ni force, ni sagesse, ni grandeur? Et n'en est-il pas, après tout, des systèmes en politique comme des systèmes en philosophie, lesquels, généralement, sont vrais par ce qu'ils affirment et faux par ce qu'ils nient?

Enfin, comment admettre que l'on puisse négliger complétement un écrit, je ne dirai

I.

pas échappé à la plume de Bossuet, mais un ouvrage de prédilection, auquel il a consacré, avec ses dernières veilles, les meilleures années de son âge mûr? Quoi! en dissertant des matières de gouvernement, l'évêque de Meaux aurait cessé d'être lui-même! Ce grand esprit aurait perdu, à considérer les rapports des hommes entre eux, cette solidité de raison qui l'élève, quoiqu'il manque d'originalité, jusqu'au sublime! Cette polémique nerveuse, cette pressante logique, ce style si précis dans son abondance et si limpide dans sa plénitude, tout ce qui fait en un mot de Bossuet une des expressions les plus hautes de l'intelligence et de l'éloquence humaine, tout cela aurait disparu dans *la Politique tirée de l'Écriture!* Quels que puissent être les défauts de cette composition, il n'est pas vraisemblable qu'elle ne retienne rien des qualités incomparables de l'écrivain qui l'a rédigée.

Ainsi, un intérêt historique, un intérêt philosophique, un intérêt littéraire recommandent encore ce livre à l'attention de la postérité.

Mais, avant d'en aborder l'examen, il convient sans doute d'en retracer rapidement l'histoire. On entre en effet d'autant mieux dans le sens de cet ouvrage, que l'on connaît davantage à quelles circonstances il est dû, quel en a été précisément l'objet, à travers quelles vicissitudes en a eu lieu la publication.

II

Ni le génie de Bossuet ni le régime de la France, à l'époque où vivait l'illustre évêque, n'étaient de nature à le tourner vers la politique.

Intelligence aussi amoureuse de la tradition

que la plupart le sont des nouveautés, et aussi
passionnée pour défendre l'autorité établie que
d'autres pour l'ébranler, peu s'en faut qu'à
ses yeux le fait ne constitue le droit, et que
le présent ne se trouve être non point la préparation, mais l'unique détermination de l'a-
venir. Ce n'est pas tout. Directeur éminent
des âmes, il assimile au gouvernement des
consciences le gouvernement des États, et,
possédé par le dogme de l'infaillibilité, demeure inaccessible à la doctrine du progrès.
Théologien, il tend à se fixer en tout dans
l'immuable. Ajoutez qu'il est par excellence
l'homme du sanctuaire. Les intérêts du ciel
l'occupent beaucoup plus que ceux de la terre.
Autant la majestueuse solitude du temple l'attire, autant son caractère répugnerait aux agitations qu'entraîne le soin de la chose publique. En un mot, il ne paraît guère plus
propre aux spéculations politiques qu'à l'exercice du pouvoir.

Quelle époque, d'ailleurs, eût été moins favorable que le dix-septième siècle à un évêque qui aurait tenté de continuer, je ne dirai pas le rôle d'un Richelieu, ou d'un Mazarin, mais d'un Bérulle (1). Non-seulement Louis XIV avait résolu de ne plus demander à l'Église de conseillers, et de laisser tout entiers au service des autels les ministres des autels, mais qui ne sait que dans la France apaisée ce monarque superbe ne souffrit jamais d'autre volonté que la sienne (2), s'ima-

(1) Voyez mon livre intitulé : *Le Cardinal de Bérulle, sa vie, ses écrits, son temps.* Paris 1856, in-12.

(2) Cf. *Œuvres de Louis XIV.* Paris, 1806, 6 vol, in-8, édit. de Grouvelle, t. I, p. 27; *Mémoires historiques*, année 1661. « Je résolus sur toutes choses de ne point prendre de premier ministre, écrit Louis XIV s'adressant au Dauphin; et si vous m'en croyez, mon fils, et tous vos successeurs après vous, le nom en sera pour jamais aboli en France, rien n'étant plus indigne que de voir d'un côté toute la

ginant commander alors même qu'il ne faisait qu'obéir ; se croyant de bonne foi maître des biens de ses sujets comme de leurs personnes (1) ; disgraciant sans merci quiconque

fonction, et de l'autre le seul titre de Roi. Pour ce dessein il était absolument nécessaire de partager ma confiance et l'exécution de mes ordres, sans les donner tout entières à pas un. — J'aurais pu jeter les yeux sur des gens de haute considération. Mais pour vous découvrir toute ma pensée, il n'était pas de mon intérêt de prendre des gens d'une qualité éminente. Il fallait avant toutes choses établir ma propre réputation, et faire connaître au public, par le rang même d'où je prenais mes ministres, que mon dessein n'était pas de partager mon autorité avec eux. Il m'importait qu'ils ne conçussent pas d'eux-mêmes de plus hautes espérances que celles qu'il me plairait de leur donner ; ce qui est difficile aux gens d'une grande naissance. »

(1) *Œuvres de Louis XIV*, t. II, p. 93 et 121. *Mémoires historiques*, année 1666. « Tout ce qui se trouve dans nos États, de quelque nature qu'il soit, nous appartient à même titre et nous doit être également cher. Les deniers qui sont dans notre cas-

était assez osé pour hasarder une critique,
risquer une plainte, exprimer même timide-
ment des vœux? Il ne lui suffisait pas qu'on
le comparât au soleil (1); il fallait encore que

sette, ceux qui demeurent entre les mains de nos
trésoriers, et ceux que nous laissons dans le commerce de nos peuples, doivent être par nous également ménagés. — Vous devez donc être persuadé
que les rois sont seigneurs absolus, et ont naturellement la disposition pleine et libre de tous les biens
qui sont possédés, aussi bien par les gens d'Église que
par les séculiers, pour en user en tout comme de sages
économes, c'est-à-dire selon les besoins de leur État. »

(1) *Œuvres de Louis XIV*, t. I, p. 196. *Mémoires
historiques*, année 1662. « Ce fut là (au carrousel de
1662) que je commençai à prendre la devise que j'ai
toujours gardée depuis, et que vous voyez en tant de
lieux. Je crus que, sans s'arrêter à quelque chose de
particulier et de moindre, elle devait représenter
en quelque sorte les devoirs d'un prince, et m'exciter moi-même à les remplir. On choisit pour corps
le soleil qui, dans les règles de cet art, est le plus
noble de tous, et qui par la qualité d'unique, par
l'éclat qui l'environne, par la lumière qu'il commu-

dans ce soleil nul œil humain ne s'avisât
d'apercevoir une tache. Aussi le siècle était-
il monté au ton continu de la louange (1).

nique aux autres astres qui lui composent comme
une espèce de cour, par le partage égal et juste
qu'il fait de cette même lumière à tous les divers
climats du monde ; par le bien qu'il fait en tous
lieux, produisant sans cesse de tous côtés la vie, la
joie et l'action; par son mouvement sans relâche,
où il paraît néanmoins toujours tranquille ; par
cette course constante et invariable, dont il ne
s'écarte et ne se détourne jamais, est assurément
la plus vive et la plus belle image d'un grand monarque. Ceux qui me voyaient gouverner avec assez
de facilité et sans être embarrassé de rien, dans ce
nombre de soins que la royauté exige, me persua-
dèrent d'ajouter le globe de la terre, et pour âme,
nec pluribus impar ; par où ils entendaient, ce qui
flattait agréablement l'ambition d'un jeune roi, que
suffisant seul à tant de choses, je suffirais sans
doute encore à gouverner d'autres empires, comme
le soleil à gouverner d'autres mondes, s'ils étaient
également exposés à ses rayons. »

(1) Ce serait en quelque sorte faire l'histoire des

C'est à peine si sous ce concert d'admiration
se faisaient parfois entendre des murmures
aussitôt réprimés, et le Grand Roi, qui devait

lettres françaises au dix-septième siècle que de
rapporter tous les éloges que les écrivains de cette
époque prodiguèrent à Louis XIV. Contentons-
nous de rappeler que ce fut à ce besoin de glorifi-
cation qui posséda Louis XIV, que fut due la naissance de l'Académie des inscriptions et belles-lettres.
« Louis XIV, écrit un récent historien de cette Compagnie, Louis XIV a peut-être été, de nos rois, celui
qui s'est le plus préoccupé de sa propre grandeur.
La protection accordée par lui aux lettres et aux
sciences était, comme on le voit par l'histoire de
l'ancienne Académie des sciences, dirigée plus
dans le but d'accroître l'éclat de son règne que de
servir les progrès de l'esprit humain. Tout ce qui
pouvait redire à la postérité ses victoires et ses
créations, tout ce qui perpétuait le souvenir de ses
exploits et de sa vie était, de la part du monarque,
l'objet d'une attention particulière. Il ne se con-
tentait pas de faire ériger des édifices et des statues
en son honneur, de faire frapper des médailles en
commémoration de ses actes, il voulait que les

avoir son histoire secrète, jouissait en pleine
Europe d'une sorte d'apothéose. La publicité
naissante ne balbutiait guère que d'imbéciles
chroniques ou des apologies, et si l'on agitait

inscriptions placées sur ces monuments ajoutassent,
par leur élégance et leur bon goût, à la beauté du
travail des artistes. De là, la pensée que lui sug-
géra Colbert, d'instituer ce que nous appellerions
aujourd'hui une Commission, et ce qu'on nommait
alors une Compagnie, spécialement chargée de la
rédaction des inscriptions, des devises et des lé-
gendes de médailles... Une fois formée, la petite
Académie... vit ses lumières mises à contribution
pour des objets qui n'avaient point d'abord été de
son ressort. Louis XIV avait commandé des tapis-
series destinées à orner ses appartements, il voulait des sujets heureux et de circonstance. La Compagnie eut mission de choisir des projets de des-
sin pour ces tentures royales, et les estampes
accompagnées de descriptions, dont le recueil fut
publié par ordre du monarque, sont le fruit de ses
premiers travaux. Elle devait aussi composer des
récits des solennités et des fêtes dont Versailles
était le théâtre, et cette mission lui resta jusque

dans des leçons et dans des livres les plus
ardus problèmes, c'était à la condition expresse de ne point sortir des régions éthérées
de la métaphysique. « L'on ne doit point absolument parler dans la philosophie morale ni
de l'état de la nature pure, ni de la politique,
ni des lois des princes, ni de la monarchie,
ni d'aucune chose qui regarde l'État. » Tels
sont les termes d'un concordat passé en 1678

dans les premières années du règne suivant. »
M. A. Maury, *l'Ancienne Académie des inscriptions
et belles-lettres*. Paris, 1864, in-12.

Cf. Voltaire, Œuvres complètes, édit. Didot;
Paris, 1828, 4 vol. in-8, t. III, p. 2978, *Siècle de
Louis XIV*, ch. xxviii. « Louis XIV aimait les
louanges... mais il ne les recevait pas toujours
quand elles étaient trop fortes. Lorsque notre Académie, qui lui rendait toujours compte des sujets
qu'elle proposait pour ses prix, lui fit voir celui-ci:
*Quelle est de toutes les vertus du roi celle qui mé-
rite la préférence ?* le roi rougit et ne voulut pas
qu'un tel sujet fût traité. »

entre les Oratoriens et les Jésuites (1). Ils marquent exactement les bornes où étaient tenus de se renfermer, à cette époque, l'enseignement et la science.

C'est donc dans des circonstances, pour ainsi dire, tout extérieures, que l'on doit chercher les motifs qui déterminèrent Bossuet à écrire un traité de politique. Et ces motifs, ce semble, se ramènent à deux : l'éducation du Dauphin, la polémique contre les protestants.

Le premier maître que Louis XIV choisit à son fils fut le président de Périgny, homme très-médiocre, plus ambitieux encore que dé-

(1) *Recueil de quelques pièces curieuses concernant la philosophie de Monsieur Descartes.* 1 vol. in-18, Amsterdam, 1684, p. 11. *Concordat entre les Jésuites et les Pères de l'Oratoire.*

Involontairement et malgré la disparate, on se rappelle, en lisant ces paroles, le monologue du Figaro de Beaumarchais. « On me dit qu'il s'est établi dans Madrid un système de liberté sur la vente des productions, qui s'étend même à celles de

voué, et qui succomba bientôt à sa tâche pour s'être imposé des études que pouvait exiger son emploi, mais que son âge ne comportait plus (1). Ce ne fut qu'après cette mort tragi-

la presse; et que, pourvu que je ne parle en mes écrits ni de l'autorité, ni du culte, ni de la politique, ni de la morale, ni des gens en place, ni des corps en crédit, ni de l'Opéra, ni des autres spectacles, ni de personne qui tienne à quelque chose, je puis tout imprimer librement, sous l'inspection de deux ou trois censeurs, » *Le Mariage de Figaro*, acte V, scène 3.

(1) Petit-fils d'un tailleur appelé Peau-de-Loup et gendre du partisan Margonne, homme fort décrié, Périgny, malgré son origine et ses alliances, était devenu, grâce à l'intrigue, en 1660, président au Parlement, et en 1662 conseiller d'État. Agréé, l'année suivante, comme lecteur du roi sur la démission de La Ménardière, il entra bientôt assez avant dans la confiance du monarque, qui en fit, avec Pellisson, le principal rédacteur de ses *Mémoires*. (Voyez sur ce point M. Dreyss, *Étude sur la composition des Mémoires de Louis XIV pour l'instruction du Dauphin*. Paris, 1860, in-8.) Ce fut

comique, que Bossuet, récemment promu à l'évêché de Condom, se vit nommer en 1670 précepteur du Dauphin, dont le duc de Montausier

à cette situation tout intime que Périgny, lorsqu'il s'agit de donner un précepteur au Dauphin, dut d'être préféré par le roi à de nombreux concurrents qui lui étaient infiniment supérieurs. Le savoir léger du président, ses prétentions au bel-esprit (car il se portait en poésie le rival de Benserade) le laissaient assez impropre à une semblable tâche. Montausier y mit bon ordre. « Le président de Périgny, lit-on dans les *Segraisiana Mss.*, mourut pour n'avoir pas su le grec. M. de Montausier lui ayant reproché son ignorance à ce sujet, il s'y appliqua si fort qu'il en devint malade et mourut. » « Sur le latin même, ajoute M. Floquet (*Vie de Bossuet*, Paris, 1855, 3 v. in-8, t. III, p. 464), Périgny se devait voir contraint à d'incroyables études ; car Montausier avait déclaré entendre qu'au royal disciple fussent exposées en détail et démontrées à fond *les origines de tous les mots*. Périgny, cependant, ayant été étranger entièrement jusqu'ici à ces recherches, au prix de combien de pénibles veilles il s'était absorbé dans ces études, malaisément pourrait-on s'en faire une idée. Son sang, parmi ces

avait été fait gouverneur. Tous les regards, dès lors, se tournaient vers ce jeune prince, à qui paraissait réservée la plus belle couronne de l'univers. On croyait naturellement que le succès de son éducation importait aux destinées de la France (1), et on ne se doutait guère

efforts, s'étant échauffé, et la fièvre, bientôt survenant, sans qu'on pût la vaincre, Périgny dut, dans cette lutte inégale, succomber à la fin. Après avoir recueilli jusqu'à *dix-neuf mille mots latins*, dont à fond il savait l'origine et l'histoire, il mourut, âgé de quarante-cinq ans à peine, victime, Louis XIV lui-même, dans un brevet royal, signé de sa main, le devait reconnaître, victime d'un excès de labeur... La cause de cette mort, déclarée ainsi par Louis XIV, n'ayant été ignorée de personne, il put se trouver, même parmi les amis de Montausier, des improbateurs d'une méthode dont l'infortuné président avait été la victime. Vouloir que le Dauphin sût *quel nom avait eu Vaugirard au temps des Druides*, cette imputation, faite à ses maîtres par le Dauphin lui-même, était, au pied de la lettre, véritable. »

(1) Cf. M. Floquet, *Bossuet précepteur du Dau-*

que la mort trouverait le fils de Louis XIV, partageant les soins d'une existence obscure et obscurcie entre ses serres de Meudon et

phin. Paris, 1864, in-8, p. 4. « L'instruction de Mgr le Dauphin est, écrivait Bossuet, une affaire toute publique. » « Il s'agit en cette conjoncture, écrivait Daniel Huet, non point seulement de l'éducation du fils du Roi, mais de l'éducation de tous. » « En travaillant pour le Dauphin, écrivait le ministre Étienne Le Moyne aux instituteurs du royal disciple, vous travaillerez pour toute l'Europe, et peut-être pour quelque chose de plus vaste que l'Europe même. » Et Montausier, parlant au Grand Roi lui-même : « Sire, n'hésita-t-il point à lui dire, il est de votre dignité, il est de votre magnificence, que tous les enfants de vos sujets aient part à l'instruction de votre fils. Son éducation particulière doit devenir, en quelque sorte, générale. » Enfin Grævius n'était qu'exact et juste lorsque, parlant de cette royale éducation, il déclarait que « les instituteurs du Dauphin, fils de Louis XIV, avaient excellemment mérité, non point de la France seulement, mais du monde tout entier. » — On sait, d'autre part, quels hommes

le service de mademoiselle Choin (1). C'est pourquoi, de toutes parts, s'offraient aux personnages chargés du royal enfant, des collaborateurs. Et je ne songe point précisément aux savants qui, sous la direction de Huet, rédigèrent les belles éditions si connues sous le nom d'éditions à l'usage du Dau-

Bossuet eut pour collaborateurs : Huet, Fléchier, Cordemoy, Doujat, Brianville, Renaudot, Pellisson, Millet de Jeure, François Blondel, Israël Sylvestre, Sauveur, Rohault, Du Verney, Roëmer, Tournefort.—Voyez M. Floquet, *ouvrage cité*, p. 2 et suiv.

(1) Saint-Simon se montre manifestement d'une injustice passionnée dans les jugements qu'il porte sur le Dauphin, qui ne manqua ni de sens, ni même de finesse d'esprit, ni de bravoure, et dont la bonté, au dire de ses contemporains, était le fond. Comment, après avoir remarqué lui-même que Louis XIV fut *toujours roi avec son fils et trop rarement père*, s'est-il refusé à reconnaître que le jeune prince dut nécessairement plier et s'effacer en présence de *ce roi si roi*, et de *ce maître si maître?*—Voyez M. Floquet, *Bossuet précepteur du Dauphin*, p. 6 et suiv. « Il faut qu'un Dauphin paraisse un homme inu-

phin (1). Je veux surtout parler des hommes
à projets, des donneurs de conseils, des auteurs de traités d'éducation. Or, parmi tous
les livres que fit éclore ce zèle patriotique ou
intéressé, il n'en est pas peut-être de plus
curieux que les *Maximes politiques* mises en
vers par l'abbé Esprit. Il n'en est pas du moins
qu'il convienne mieux ici de mentionner.

On sait ce que fut cet abbé Esprit (2). Sans

tile, disait, à un siècle de là, le fils unique de
Louis XV. Avant lui, n'en doutons pas, ajoute judicieusement M. Floquet, le fils de Louis XIV le
pensa et le dut dire. »

(1) Relativement à la collection des auteurs *ad
usum Delphini*, voyez M. Floquet, *ouvrage cité*,
p. 239 et suiv.

(2) Né à Béziers en 1611, y mourut en 1678.
Voyez Tallemant des Réaux, *Les Historiettes*, édit.
Monmerqué. Paris, 1861, 10 vol. in-12, t. VII,
p. 84, ccxxvii, *Esprit.* « On le fit de l'Académie.
Il ne sait pourtant quasi rien... Il intriguait assez,
servait qui il pouvait... » Cf. *Lettres de M. de Voi-
ture.* Amsterdam, 1657, in-18, p. 255. *A monsieur*

avoir été prêtre, Jacques Esprit traversa l'Oratoire, appartint à l'Académie française, finit par épouser une riche héritière, et nous a laissé notamment *la Fausseté des Vertus humaines* (1), triste commentaire du triste

de Chavigni, *Lettre* CXXII. « Monsieur Esprit qui va à la Cour avec une lettre de recommandation pour vous de M... a cru avoir besoin que je vous le recommandasse, et moy qui suis vain j'ay mieux aymé me résoudre de l'entreprendre que de luy dire que je ne l'osais faire. C'est en vérité, Monsieur, un des plus aymables hommes du monde, qui a l'âme et l'esprit faits comme vous les aymez, fort bon, fort sage, fort sçavant, grand Théologien et grand Philosophe. Il n'est pourtant pas de ceux qui mesprisent les richesses; et pour ce qu'il est assuré qu'il en sçaura bien user, il ne sera pas fasché d'obtenir une Abbaye, pour laquelle Madame d'Aiguillon escrit pour luy à Monsieur le Cardinal. Cela dépendra de Son Eminence. Mais il dépendra de vous de luy faire un bon accueil; et c'est tout ce qu'il en désire... » Paris, le 2 juin 1641.

(1) 2 vol. in-12. Paris, 1677-1678, chez Guillaume Desprez, avec cette devise : *Quis enim virtutem*

livre des *Maximes*, par La Rochefoucauld (1).

amplectitur ipsam? Juv. *Sat*. X. L'ouvrage est offert au Dauphin, afin qu'il se fasse une juste idée de l'homme ou de l'amour-propre. « Car comme c'est l'amour-propre qui est l'inventeur de tous ces stratagèmes que l'homme met en usage, et la cause de la fausseté de toutes ses vertus, et que l'homme en est si fort possédé qu'il n'a point d'autres mouvements que les siens ni d'autre conduite que celle qu'il lui inspire, l'on ne saurait représenter l'un qu'on ne fasse en même temps le portrait de l'autre. »

(1) La correspondance de La Rochefoucauld nous apprend qu'Esprit a été en quelque sorte le maître du célèbre Frondeur, plus encore que son disciple; ou qu'il fut du moins, avec madame de Sablé, son collaborateur. Le livre des *Maximes* est en effet une œuvre collective, due à l'oisiveté, à la vieillesse, à la recherche ingénieuse de ces trois personnages, qui faisaient entre eux échange de réflexions morales et de confitures ou de dîners, et qui parvinrent même, un certain temps, à mettre les sentences à la mode.

Voyez *Œuvres complètes* de La Rochefoucauld. Paris, 1825, in-8, p. 444, *à la marquise de Sablé*.

Dans ce dernier ouvrage, qui est de 1678,

« M. Esprit me mande qu'il est ravi de quelque
chose que vous avez écrit. Je vous demande en
conscience s'il est juste que vous écriviez de ces
choses-là sans me les montrer. Vous savez avec
combien de bonne foi j'en ai usé avec vous, et
que les sentences ne sont sentences qu'après que
vous les avez approuvées. » P. 448, *à la même*.
« J'ai envoyé des sentences à M. Esprit pour vous
les montrer, mais il ne m'a point encore fait réponse, et il me semble que c'est mauvais signe
pour les sentences. » *Ibid.*, *à M. Esprit*. « Il ne serait
pas juste que vous fussiez paix et aise à Paris avec
Platon, pendant que je suis à la merci des sentences
que vous avez suscitées pour troubler mon repos...
Je vous prie de mettre sur le ton de sentences ce
que je vous ai mandé de ce mouchoir et des tricotets,
sinon, renvoyez-moi ma dernière lettre pour voir
ce que j'en pourrai faire. » P. 451, *au même*. « Je
vous prie de montrer à madame de Sablé *nos* dernières sentences : cela lui redonnera peut-être envie d'en faire, et songez-y aussi de votre côté,
quand ce ne serait que pour grossir notre volume. »
P. 461, *à la marquise de Sablé*. « Je trouve la sen-
tence de M. Esprit la plus belle du monde... Je ne

Esprit ne prend plus la qualification d'ecclésiastique. C'est, au contraire, comme abbé

sais si vous avez remarqué que l'envie de faire des
sentences se gagne comme le rhume : il y a ici
des disciples de M. de Balzac qui en ont eu le vent,
et qui ne veulent plus faire autre chose. » *Ibid.*, *à
la même*. « C'est à moi, à cette heure, à faire des
façons pour *nos* maximes, et après avoir vu les
vôtres, n'en espérez plus de moi. Je vous jure sur
mon honneur que je ne les ai point fait copier,
quoique je fusse fort en droit de le faire; et je vous
assure de plus que je l'aurais fait, si je n'espé-
rais que vous consentirez à me les donner. » P. 468,
à la même. « Voilà tout ce que j'ai de maximes que
vous n'ayez point; mais comme on ne fait rien pour
rien, je vous demande un potage avec carottes...
Si je pouvais espérer deux assiettes de ces confitures, dont je ne méritais pas de manger d'autrefois, je croirais vous être redevable toute ma vie.
J'envoie donc savoir ce que je puis espérer pour
lundi à midi. Je vous supplie très-humblement de
me renvoyer les quatre maximes que *nous* fîmes
dernièrement, et de vous souvenir que vous m'avez
promis le *Traité de l'Amitié* et ce que vous avez
ajouté à l'*Éducation des Enfans.* » — Cf. *Madame*

qu'il signe les *Maximes politiques* (1). Et à peine le duc de Montausier vient-il d'entrer en charge qu'il s'empresse de lui adresser son livre, en le suppliant de le présenter au Roi (2). Esprit justifie d'ailleurs son entréprise en rappelant d'illustres exemples. La *Cyropédie* de Xénophon, et les œuvres politiques d'Aristote, de Polybe et de Tacite ; les lettres de saint Ambroise à l'empereur Valentinien, et celles de saint Augustin au comte

de Sablé, par M. Cousin ; Paris, 1865, in-12, p. 118 et suiv.

(1) *Maximes politiques mises en vers par M. l'abbé Esprit.* In-18, Paris, 1669, chez Barbin.

(2) « Je ne doute pas, Monseigneur, que Sa Majesté ne reçoive favorablement mon ouvrage, quand je songe aux marques publiques et précieuses qu'elle vous a données de son estime ; quand je considère qu'elle s'est privée en quelque manière de ce qu'elle a de plus cher pour le déposer entre vos mains, et qu'elle a confié à vos soins l'éducation d'un Prince qui doit faire le destin de toute l'Europe. » *Epistre à Monseigneur le duc de Montausier.*

Boniface ; les livres *de la Considération* adressés par saint Bernard au pape Eugène, et le traité de saint Thomas sur le gouvernement et l'administration des princes ; l'*Institution du prince* par Érasme (1), le *Don*

(1) Citons aussi *le Codicille d'or, ou Petit Recueil tiré de l'Institution du Prince Chrestien composée par Erasme. Mis premierement en François sous le Roy François I ; et à present pour la seconde fois avec d'autres pieces. A la Sphère*, 1665, in-18, 189 pages.

« Voici bien tost le temps, écrit l'éditeur anonyme du *Petit Recueil*, p. 13, qu'il faudra commencer à faire connoistre à Monseigneur le Dauphin les vertus de ses Pères, et comme elles ont plus glorieusement couronné leur chef que les diadèmes d'or et de pierreries qu'ils ont portez. Voici le temps qu'il faudra lui enseigner les voies qu'il doibt tenir pour marcher sur leurs pas. — Pour cet effet, il n'est pas à propos dans les commencemens de charger son esprit d'une multitude de préceptes. Il faut arroser sobrement les jeunes plantes et non pas noyer. Il suffit de choisir les meilleurs et principalement ceux qui sont de telle conséquence, qu'il ne

Royal de Jacques Ier, les instructions de Charles Quint et de Philippe II, ce sont là

doibt jamais les oublier. Et peut-estre qu'entre ceux qui ont esté donnez par nos auteurs françois, ou qui ont esté destinez par des estrangers à nos Princes, il s'en trouvera qui seront de ceste qualité et selon la portée et la capacité de son esprit. Mais auparavant que nous en facions le choix, parcourons un peu ces ouvrages. » Après avoir sommairement rappelé l'historique de tous ces livres de haute éducation, l'auteur déclare s'arrêter, comme au meilleur, à *l'Institution du Prince Chrestien*, par Érasme, dont il se contente d'ailleurs, sous le titre de *Codicille d'or*, de reproduire un extrait, en y ajoutant, entre autres morceaux, le fameux chapitre XVIII du livre V des *Mémoires* de Philippe de Comines.

Il ne sera pas sans intérêt de rapprocher les maximes du *Codicille d'or* des maximes mêmes de Bossuet. Mais il deviendra surtout instructif de comparer à la *Politique tirée des propres paroles de l'Écriture Sainte* un premier écrit de l'abréviateur anonyme d'Érasme, lequel n'est autre que Claude Joly, chantre de Notre-Dame.

Cet ouvrage, auquel l'auteur a joint une traduc-

les écrits dont il prétend autoriser son propre ouvrage. Il déclare, en outre, que ses modèles ont été particulièrement l'*Idée d'un prince politique chrétien* par Saavedra Faxardo, lequel a renfermé en cent devises tous les de-

tion française du poëme latin de L'Hospital sur le sacre de François II, est intitulé : *Recueil de Maximes veritables et importantes pour l'institution du Roy. Contre la fausse et pernicieuse politique du cardinal Mazarin, pretendu Sur-Intendant de l'education de Sa Majesté. Avec deux lettres apologetiques pour ledit Recueil contre l'Extrait du S. N. avocat du Roy au Chastelet.* Paris, 1663, in-18.

Le Châtelet avait en effet condamné ce Recueil, dont la première édition est de 1652, notamment à cause des propositions suivantes :

« Ce livre est impie, en ce qu'après avoir blessé la religion dans ses parties les plus importantes, il déclare : VII. *Mal d'avoir chassé les Huguenots.* VIII. *Que le pouvoir des Rois est borné et finy.* IX. *Que la Monarchie Française n'est pas purement Monarchie, à cause du pouvoir des Estats et des Parlements.* X. *Que le Roy tient son autorité des peu-*

voirs de la royauté (1); le traité des *Devoirs des Grands* par le prince de Conti (2), et

ples. XI. *Qu'il ne peut rien sans l'aveu des Estats, qu'on appelle Parlements.* XII. *Que les juges sont officiers des peuples.* XIII. *Que* tel est notre plaisir, *est à dire* tel est l'aresté de nos Cours; *en tout cas n'est qu'une nouveauté.* »

(1) Faxardo Diego Saavedra, littérateur et homme d'État espagnol, né en 1584, mort en 1648. Son livre, traduit en français, en allemand, en italien, en latin, repose en partie sur des citations de l'Écriture, en partie sur des textes empruntés aux auteurs de l'antiquité profane. Des symboles gravés illustrent et résument aux yeux chacune des divisions de l'ouvrage. *Idea Principis Christiano-politici* 101 *symbolis expressa; Amstelodami,* 1659, in-12. *Principis educatio. — Quomodo in actionibus suis Princeps sese gerere debeat. — Qualem deceat esse Principem in subditos et exteros. — Quo pacto Princeps erga ministros se gerere debeat. — Quomodo in malis tum internis, tum externis Princeps se gerere debeat. — Quid agendum Principi in victoriis et conventibus pacis. — Quid agendum Principi in senectute.*

(2) *Les Devoirs des Grands* par Monseigneur le

surtout le poëme que le chancelier de L'Hospital composa en latin pour l'éducation du

prince de Conty, *avec son testament*; Paris, 1666, in-18, 103 p. — Destiné à l'Église, contrefait mais ambitieux, le prince de Conti se laissa d'abord entraîner avec son frère le grand Condé, et sa sœur la duchesse de Longueville, dans les désordres de la Fronde. Puis, après avoir fait sa paix avec Mazarin, dont il épousa une nièce, il en vint aux sentiments de piété et de repentir, qui se trouvent consignés dans le petit livre des *Devoirs des Grands*, publié l'année même de sa mort. Cette composition se trouve tout étayée de nombreux passages de l'Écriture et des Pères. L'auteur y parle de la Grandeur avec le même accent que Massillon portera jusqu'à l'éloquence. Quelquefois même on sent dans son discours l'émotion pénétrante d'un homme qui a été spectateur et acteur des misères qu'il déplore en les condamnant. « C'est l'orgueil, dira-t-il, qui allume les plus sanglantes guerres, et qui sacrifie la vie d'un million d'hommes au moindre de ses intérêts sous des prétextes spécieux. C'est lui qui appauvrit les provinces et les royaumes pour se satisfaire, qui se plait à voir les hommes à ses pieds; c'est lui enfin qui rapporte tout à soi, et qui croit

jeune Roi François. Le docte abbé va même jusqu'à invoquer l'esprit de prophétie, qu'on a toujours, dit-il, attribué aux poëtes ; d'où il conclut « qu'il doit donner par avance à ceux qui vivent de son temps sous le meilleur et le plus puissant des Rois, la joie d'apprendre quel sera le bonheur de ceux qui viendront après eux, et qui ressentiront les fruits de la douce et équitable domination de Monseigneur le Dauphin, qui aura eu pardessus son invincible prédécesseur l'avantage

toutes les créatures dans leur usage le plus légitime lorsqu'elles sont détruites à son honneur et à sa gloire ; s'établissant, pour ainsi dire, un culte dont il se croit digne, et demandant dans ceux qu'il se soumet des respects qui vont presque à la religion. » P. 74. — Esprit avait pris place parmi les familiers du prince de Conti. *Voyez* Tallemant, *article cité*. « Esprit alla en Languedoc, où il se donna au prince de Conti, avec lequel il est présentement ; mais il n'est pas si dévot qu'on dirait bien. Depuis il s'est marié avec une assez belle fille, et cela, dit-il, pour l'acquit de sa conscience. »

et le secours d'un si grand exemple (1). » On
n'ignore point combien peu se sont vérifiés
ces oracles de courtisan. Ce que l'on connaît
moins et ce qui pourtant est curieux, ce sont
les Maximes mêmes du livre; car elles expriment encore bien plus la pensée du dix-septième siècle, que la pensée même de l'auteur.
Citons-en quelques-unes.

CE QUE LE PRINCE DOIT A DIEU

«Souviens-toi, quelque éclat dont brille ta personne,
Que de Dieu seulement tu reçus la couronne;
Que devant tous les temps ses assurés desseins
Distinguèrent ton sort du reste des humains,
Et, t'ayant retiré de la masse commune,
Dans le rang souverain placèrent ta fortune.
Si tu veux pleinement accomplir ton devoir,
Fais craindre en tes Etats l'auteur de ton pouvoir;
Par ta propre vertu réponds à l'avantage
D'être du Roi des rois une éclatante image.
Fais qu'il règne en ton cœur, et que ta piété

(1) *Maximes politiques mises en vers par M. l'abbé
Esprit*, préface *in fine*.

T'approche plus de lui que ton autorité.

. . . .

Pour régner justement, il faut que tu révères
L'impénétrable nuit de nos sacrés mystères :
Par ton autorité soutiens leurs saintes lois ;
Aux esprits libertins fais-en sentir le poids ;
Que tous ces orgueilleux dont l'aveugle imposture
Tâche d'anéantir l'auteur de la nature,
Que tous ces insolents qui, bien loin de l'aimer,
Ne prononcent son nom que pour le blasphémer,
Et ces cœurs endurcis dont l'erreur détestable
Traite la vérité de même que la fable,
Reçoivent leur supplice, et que leur juste mort
Apprenne à tes sujets à craindre un même sort (1). »

(1) *Maximes politiques mises en vers*. A MON-
SEIGNEUR LE DAUPHIN, POÈME, p. 6 et suiv. — Esprit a résumé dans sa Dédicace au Dauphin le plan
de ce qu'il appelle un poëme :

> « Prince, sur mon travail daigne jetter les yeux ;
> Ne me refuse pas tes moments prétieux.
> Tu verras ce qu'un roi dans le pouvoir suprême
> Doit à son Créateur, ce qu'il doit à soi-même,
> Tout ce qui peut entrer dans ses nobles projets,
> Les moyens glorieux de régir ses sujets,
> L'art dont il doit voiler le sacré ministère.
> Ceux qu'il y doit placer, la part qu'il en doit faire.

C'était en 1669 qu'Esprit écrivait ces détestables bouts-rimés politiques. Bossuet ne

> Comment il faut agir avec ses courtisans,
> Disposer son état dans le cours de ses ans,
> Recevoir le bonheur et les succès contraires,
> Connaître du dehors les diverses affaires,
> Déclarer une guerre ou conclure une paix,
> Et marcher sur les pas des rois les plus parfaits. »

Ce sont là, en effet, les idées qu'Esprit développe, en les ramenant à quatre chefs : I. *Ce que le Prince doit à Dieu.* II. *Ce que le Prince doit à soi-même.* III. *Ce que le Prince doit à ses enfans.* IV. *Ce que le Prince doit à ses sujets.* On retrouve à peu près les mêmes divisions et aussi les mêmes lieux communs dans *la Politique tirée des propres paroles de l'Écriture Sainte,* par Bossuet. Mais combien la mâle parole et la haute raison de l'évêque de Meaux ne l'emportent-elles pas sur la plate versification et le marivaudage d'Esprit! Notons cependant chez l'habile académicien quelques maximes qui ne manquent ni de nouveauté, ni de hardiesse.

C'est ainsi qu'en matière d'éducation, il voudrait qu'on ne se bornât point à enseigner aux princes les langues anciennes :

> « Il leur faut enseigner les langues étrangères,
> Leur science est utile à traiter les affaires;

commençait que l'année suivante la tâche laborieuse qui devait, particulièrement sur la fin, en 1678, lui causer tant de dégoûts (1),

> Un prince doit sentir un singulier ennui
> De répondre toujours par l'organe d'autrui.
> Les affaires d'État veulent être secrètes,
> Et les ambassadeurs craignent les interprètes. »

Ni Montausier, ni Bossuet, ne songèrent un seul instant à comprendre les langues étrangères dans le plan d'éducation, d'ailleurs si chargé, qu'ils firent suivre au Dauphin. — D'autre part, Louis XIV apparemment n'eût guère goûté, s'il en avait eu connaissance, le conseil qu'Esprit adresse au prince vieillissant :

> « Donne enfin du relâche à ta vieillesse extrême,
> Laisse à ton successeur le poids du diadème,
> Et fais que le trépas, en approchant de toi,
> Triste de son butin, ne trouve plus de roi.
> Goûte le doux repos où l'âge te convie,
> Ne te refuse pas le reste de ta vie.
> Pense au parfait bonheur que tu dois acquérir,
> Et sois tout occupé du soin de bien mourir. »

1) Bossuet pouvait bien, au début et en public, lors de sa réception à l'Académie française par exemple, se féliciter « d'avoir à cultiver l'esprit le

mais valoir à la postérité ces chefs-d'œuvre qui s'appellent le *Discours sur l'Histoire uni-*

plus vif et le plus beau naturel du monde ». Mais bientôt il éprouva le besoin de rédiger pour son royal élève un écrit latin sur *l'Inapplication, de Incogitantia*, et il suffit de parcourir ses lettres au maréchal de Bellefonds pour voir combien peu à peu tombaient ses illusions et grandissait son découragement. *Œuvres complètes de Bossuet*, édit. d'Olivier Fulgence, 1846, 29 v. in-12, t. XXVI, p. 25. (1772) « Il faut que je vous dise un mot de Mgr le Dauphin, écrivait Bossuet au maréchal. Je vois, ce me semble, en lui des commencements de grandes grâces, une simplicité, une droiture et un principe de bonté : parmi ses rapidités, une attention aux mystères; je ne sais quoi qui se jette au milieu des distractions pour le rappeler à Dieu. Vous seriez ravi si je vous disais les questions qu'il me fait, et le désir qu'il me fait paraître de bien servir Dieu. Mais le monde, le monde, le monde, les plaisirs, les mauvais conseils, les mauvais exemples! Sauvez-nous, Seigneur, sauvez-nous; j'espère en votre bonté et en votre grâce : vous avez bien préservé les enfants de la fournaise; mais vous envoyâtes votre ange : et moi,

verselle, le *Traité de la Connaissance de Dieu et de soi-même*, le *Traité du Libre Arbitre*, la

hélas! que suis-je! Humilité, tremblement, enfoncement dans son néant propre, confiance, persévérance, travail assidu, patience. Abandonnons-nous à Dieu sans réserve, et tâchons de vivre selon l'Évangile. Écoutons sans cesse cette parole : « Or il n'y a qu'une chose qui soit nécessaire · *Porro unum est necessarium.* » — *Id.*, *ibid.*, p. 64 (1677), *au même.* « Me voilà quasi à la fin de mon travail. Monseigneur le Dauphin est si grand, qu'il ne peut pas être longtemps sous notre conduite. Il y a bien à souffrir avec un esprit aussi inappliqué; on n'a nulle consolation sensible; et on marche, comme dit saint Paul, en espérance contre l'espérance. Car encore qu'il se commence d'assez bonnes choses, tout est encore si peu affermi, que le moindre effort du monde peut tout renverser. Je voudrais bien voir quelque chose de plus fondé; mais Dieu le fera peut-être sans nous. Priez Dieu que sur la fin de la course, où il semble qu'il doit arriver quelque changement dans mon état, je sois en effet aussi indifférent que je m'imagine l'être. » — De son côté, dans l'*Apologie* qu'en 1674 Montausier crut devoir adresser au roi pour répondre aux critiques que soulevait

Logique, tous ces travaux enfin, dont on trouve dans l'admirable lettre au pape Inno-

sa manière d'élever le Dauphin, le véridique gouverneur prenait sur lui d'écrire : « Monseigneur le Dauphin a beaucoup d'esprit ; M. de Condom, qui s'y connaît mieux que moi, en assurera Votre Majesté... Quand il veut, il entend, il comprend, il retient avec une merveilleuse facilité, et c'est ce qui nous console ; mais il ne veut pas toujours, et c'est ce qui nous afflige. » *Vie du duc de Montausier*, par le P. Nicolas Petit, jésuite; Paris, 1729, 2 vol. in-12, t. II, p. 95. — *Montausier, sa vie et son temps*, par Amédée Roux; Paris, 1860, in-8, p. 255, *Appendice*. — Cependant, si le feu de cet esprit s'éteignit, si ce jeune prince d'une intelligence sans doute plus qu'ordinaire prit les livres en si grande aversion, qu'au dire de madame de Caylus (*Souvenirs*), « il se promit de n'en jamais ouvrir dès qu'il serait son maître, et tint parole », n'est-ce point en partie à l'éducation qui lui fut donnée qu'il faut rapporter ces tristes résultats? Tandis que Louis XIV anéantissait le Dauphin sous son autorité, Bossuet l'accablait en quelque façon de sa science, et Montausier le terrifiait par sa farouche humeur. C'est ainsi qu'à peine en peut-on

cent XI l'analyse raisonnée (1). A tous ces

croire ses yeux, lorsqu'on lit dans les Mémoires du valet de chambre Dubois (année 1671) des phrases telles que celles-ci :

« Le mardy 4, au matin, à l'estude, M. de Montausier battit Monseigneur de quatre ou cinq coups de férulles cruelles, au point qu'il estropiait ce cher enfant. L'après-dînée fut encore pire. Point de collation, point de promenade ; et le soir, comme la planète cruelle dominait toujours l'esprit de M. de Montausier, au prier Dieu, où était tout le monde à l'ordinaire, ce précieux enfant disait l'Oraison dominicale en français, il manqua un mot, M. de Montausier se jeta dessus luy à coups de poing de toute sa force, je croyais qu'il l'assommerait. M. de Joyeuse dit seulement : « Hé! monsieur de Montausier? » Cela fait, il le fit recommencer, et ce cher enfant fit encore la mesme faute, qui n'estait rien. M. de Montausier se leva, lui prit les deux mains dans sa droite, le traina dans le grand cabinet où il faisait ses estudes, et là luy donna cinq férules de toute sa force dans chacune de ses belles mains... Monseigneur estait toujours gourmandé et traité de fripon et de gallopin. »

(1) Émerveillé de tout ce qu'il entendait dire des

enseignements, il crut devoir ajouter et ajouta *la Politique*. De là cet ouvrage, qui est comme le couronnement du cours d'études qu'il a fait suivre au Dauphin, et où il déclare lui avoir découvert « les maximes du gouvernement et les sources du droit dans les exemples et dans la doctrine de la Sainte Écriture (1). »

progrès du Dauphin (*Audivimus, et quidem ex omnium sermone, Delphinum magno ad omnem virtutem impetu ferri, etc.*), Innocent XI avait témoigné le désir que Bossuet l'informât de la méthode qu'il avait suivie pour l'éducation de son royal élève. L'évêque de Condom s'était donc empressé de se rendre aux vœux du Saint-Père en lui adressant une lettre restée célèbre et digne de l'être. L'abbé Bossuet ne manqua pas de mettre cette lettre en latin et en français en tête de la première édition de *la Politique*, en même temps que le bref si honorable par lequel le pape avait répondu à Bossuet.

(1) *Lettre au pape Innocent XI*, XII-XIV. « Maintenant que le cours des études du Prince est presque achevé, nous avons cru devoir travailler principalement à trois choses : premièrement à une histoire universelle ; par le second ouvrage, nous

Toutefois, les nécessités de l'éducation qui lui était confiée n'auraient pas suffi pour que Bossuet menât sa *Politique* à un entier achèvement, s'il n'y avait été porté par d'autres motifs. Des dix livres dont elle se compose, il n'y eut pendant très-longtemps de finis que les six premiers, et les quatre derniers n'étaient, à proprement parler, que projetés. « C'est en cet état, écrivait l'abbé Bossuet, éditeur des œuvres posthumes de son oncle, que cette *Politique* a été donnée à Monseigneur, qu'elle est restée pendant plusieurs années, qu'elle a même été mise entre les mains des trois princes ses fils et servi à leur instruction; qu'elle a été connue des plus illustres et des plus savants hommes, à qui l'auteur en a donné lecture, et peut-être même laissé prendre des copies. Enfin, c'est

découvrons les secrets de la politique; le troisième ouvrage comprend les lois et les coutumes particulières du royaume de France. »

dans cet état, quoique imparfait, qu'elle a
fait l'admiration des génies du premier ordre,
des héros même de ce siècle, du grand et
fameux prince de Condé (1). » Suivant l'abbé
Bossuet, l'évêque de Meaux ne se serait résolu, au milieu des préoccupations innombrables qui l'assiégeaient, à terminer son
travail « qu'après y avoir été invité de la
part de Monseigneur le duc de Bourgogne,
sur qui les six premiers livres avaient fait un
si grand effet, que les personnes sages et
illustres, à qui l'éducation de ce prince était
confiée, avaient cru devoir exciter l'auteur à
ne pas laisser imparfait un ouvrage si nécessaire aux princes, si digne d'un évêque, et
où lui seul pouvait mettre la main (2). »

(1) *Politique tirée des propres paroles de l'Écriture Sainte à Mgr le Dauphin*, ouvrage posthume
de messire Jacques-Bénigne Bossuet. Paris, 1709,
in-4°, préface, p. XVIII.

(2) *Politique tirée des propres paroles de l'Écri-

Nul doute que de tels suffrages et des invitations parties de si haut n'aient été, pour

ture Sainte à Mgr le Dauphin, préface, p. XIX. - Cf. de Bausset, *Histoire de Bossuet*, *Pièces justificatives*, Liv. IV. « En 1692, Bossuet communiqua la première partie de sa *Politique* au duc de Beauvilliers et l'autorisa à en faire usage pour l'instruction du duc de Bourgogne. Beauvilliers et Fénelon (ajoutons Chevreuse et l'abbé Fleury), qui s'en servirent pour l'éducation des trois fils du Dauphin et pour celle des deux princes de Conti, frappés de cette grande idée d'attacher la politique à la religion par les mêmes liens qui attachent la terre au ciel, pressèrent Bossuet de mettre la main à un travail si noble et si utile. Il venait de publier en 1691, ses notes sur les Psaumes, Il était alors occupé de ses notes sur les Livres Sapientiaux, qu'il regardait comme nécessaires pour la suite de son Traité de la *Politique Sacrée*, dont il voulait appuyer toutes les preuves sur l'autorité des livres de Salomon; et ces notes parurent en effet en 1693. Cependant il céda aux instances du duc de Beauvilliers et de Fénelon, et il leur promit d'achever sa *Politique* dans le cours de l'année suivante : « Oui, leur dit-il dans le langage familier d'un ar-

l'évêque de Meaux, une incitation puissante. Je crois pourtant qu'il faut chercher ailleurs les motifs qui l'engagèrent à terminer un ouvrage dont l'éducation du Dauphin lui avait suggéré la première idée. Et ces motifs, l'abbé Bossuet lui-même paraît les avoir en-

chitecte, qui parle d'un bâtiment qu'il s'oblige d'achever dans un temps marqué; oui, dans un an, vous aurez toute ma politique, et je vous en mettrai la clef à la main. » — Mais ce fut précisément à cette époque que s'engagea la malheureuse controverse du Quiétisme. »

Bossuet devait nécessairement avoir et eut en effet des imitateurs. Voyez *l'Art d'élever un Prince, dédié à Mgr le duc de Bourgogne* (sans nom d'auteur). Paris, 1688, in-18, p. 157. « C'est dans l'Écriture que le Prince doit apprendre à régner, en y apprenant toutes les maximes de la vraie politique. Il y verra des héros de toutes les manières, et quelque caractère de Prince qui lui plaira, il y trouvera de quoi se contenter. » Voyez aussi *Divers Traités de métaphysique, d'histoire et de politique,* par feu M. de Cordemoy, Paris, 1691, in-18, p. 99 et suiv. *De la Réformation d'un État*, à M. Fleury.

trevus. « Comme la lecture et la méditation des livres sacrés, écrit-il en parlant de son oncle, faisaient ses plus chères délices, sa continuelle occupation et le plus agréable délassement de son esprit, pendant même ses plus grands travaux (1), il revenait tou-

(1) Cf. De Bausset, *Vie de Bossuet*. Liv. V. « C'était un spectacle imposant pour tout ce qui habitait Versailles, de voir jusqu'à la fin de sa vie Bossuet se promener, suivi d'un nombreux cortége, dans les allées du petit parc, et surtout dans celle que toute la Cour était convenue d'appeler l'*Allée des Philosophes*. Ces *philosophes* étaient Fénelon, l'abbé Fleury, Pellisson, l'abbé Renaudot, l'abbé de la Broue, l'abbé de Langeron, l'abbé de Saint-Luc, La Bruyère, l'abbé de Longuerue, Cordemoy et quelques autres. C'était dans ces promenades qu'on voyait Bossuet résoudre les difficultés qu'on proposait sur l'Écriture... Quelquefois même il laissait lire quelques fragments de ses propres ouvrages... C'est ainsi que fut lue et corrigée en 1703, aux promenades qu'il fit pendant son dernier séjour à Versailles, sa *Politique Sacrée*, à laquelle il mettait la dernière main, et qu'il était prêt à publier...

jours, et avec la même facilité, et avec la même joie sur cette *Politique*, qu'il a toujours regardée avec quelque sorte de complaisance, comme son ouvrage favori; parce qu'il lui semblait le plus propre, non-seulement à instruire les peuples et les rois, mais encore à leur faire aimer et respecter de plus en plus les Saintes Écritures. » Mais ces considérations générales n'expliquent point complétement l'œuvre d'un homme dont tous les écrits

Ces *promenades philosophiques* avaient commencé dès 1673, à Saint-Germain, où la Cour était encore fixée pendant les hivers; il n'y avait point alors les après-midi d'office divin les dimanches ni les fêtes à la chapelle du château. Ce fut pour en tenir lieu que Bossuet proposa à ses disciples de consacrer leur promenade accoutumée à l'étude de l'Écriture Sainte... » De là les réunions de ce qu'on appela le *Petit Concile*... « Ces promenades et ces lectures continuées pendant une longue suite d'années produisirent les notes et les commentaires de Bossuet sur les différentes parties de la Bible. »

furent des actes, et qui, en toutes choses, se
proposa la défense d'intérêts immédiats (1).
C'est pourquoi, à mon sens, la raison qui
décida Bossuet à reprendre, pour la mener
à fin, une composition interrompue pendant
plus de vingt années, se trouve à la fois
beaucoup plus précise et beaucoup plus élevée. Je la découvre dans les intérêts politiques

(1) Cf. l'abbé Le Dieu, *Mémoires et Journal sur la
vie et les ouvrages de Bossuet*, publiés par M. l'abbé
Guettée. Paris, 1856, 4 vol. in-8. *Mémoires*, t. I,
p. 153. « Jamais homme ne fut plus éloigné que
M. l'évêque de Meaux de la démangeaison de se
faire imprimer. Il nous a dit cent fois : « Je ne
comprends pas comment un homme d'esprit a la
patience de faire un livre pour le seul plaisir
d'écrire... » Il n'écrivait donc pas, qu'il n'y fût forcé
par quelque nécessité ou quelque grande utilité, et
quand il avait composé son ouvrage, si la raison de
le publier cessait, il le supprimait. De là tant de
traités utiles à la religion demeurés ensevelis dans
son cabinet. »

de son temps et dans les préoccupations po-
lémiques de son propre esprit.

On oublie en effet très-aisément, quand on
considère le long règne de Louis XIV, de
quelles agitations convulsives, de quels remuements maladifs, avait été précédée cette pé-
riode extraordinaire de silence, de faste et
d'autorité. Et d'autre part, le spectacle de la
monarchie en France, à cette époque, fait
aussi trop facilement perdre de vue la condition de la monarchie dans des pays voisins.
Cependant, comment ne point se rappeler, je
ne dis pas seulement les troubles de la Fronde,
qui retentirent si douloureusement jusque dans
les provinces, mais les dispositions de l'esprit public qui, pour lors, s'éveille dans la
plus grande partie de l'Europe et y anime
tous les écrits. A côté de l'absolutisme intolé-
rant d'un Juste-Lipse (1), c'est, par exemple,

(1) Justi Lipsi POLITICORUM SIVE CIVILIS DOC-
TRINÆ LIBRI SEX, *qui ad principatum maxime spec-*

le libéralisme d'un Grotius (1). C'est plus
encore; c'est, au souffle ardent du protestantisme, une sorte de ligue qui s'organise
contre les princes. Buchanan, dans son *De
Jure regni apud Scotos;* Hotman, dans son
Franco-Gallia (2); Languet, dans son *Junius
Brutus* (3), ne tendent à rien moins qu'à saper

tant. Additæ notæ auctiores, cum et DE UNA RELI-
GIONE *liber. Omnia postremo auctor recensuit. Ex
officina Plantiniana.* 1615, in-18.

(1) *De Jure belli et pacis,* 1624. *Le Droit de la
guerre et de la paix, par Hugues Grotius, nouvelle
traduction, par Jean Barbeyrac.* Amsterdam, 1724,
2 vol. in-4.

(2) Franc. Hotomanus, *Franco-Gallia, Genevæ,*
1573, in-12. Voyez notamment *cap.* 6. « *Regnum
Franco-Galliæ utrum hereditate, an suffragiis de-
ferretur, et de regum creandorum more.* »

(3) *Vindiciæ contra tyrannos : sive de Principis
in Populum, Populique in Principem legitima po-
testate, Stephano Junio Bruto Celta auctore.* Edim-
burgi, 1578. in-12. *Hoc libro infra scriptæ Quæs-
tiones explicantur.*

I. *An subditi teneantur, aut debeant Princi-*

les bases du pouvoir royal. Et tous ces factums qui marquent la fin du seizième siècle ou le commencement du dix-septième ne sont pas de simples hardiesses de spéculation. Les doctrines terribles qu'ils recèlent se traduisent impitoyablement dans les faits. L'échafaud et l'exil frappent successivement la royauté dans le pays où elle semblait le mieux affermie, et le Grand Roi lui-même, après s'être vu forcé de tendre la main à l'assassin juridique de son oncle Charles Ier, finit par

pibus obedire, si quid contra legem Dei imperent.

II. An liceat resistere Principi, legem Dei abrogare volenti, Ecclesiamve vastanti. Item, quibus, quomodo, et quatenus.

III. An et quatenus Principi Rempublicam aut opprimenti, aut perdenti, resistere liceat. Item, quibus id, quo modo, et quo jure, permissum sit.

IV. An jure possint, aut debeant vicini Principes auxilium ferre aliorum Principum subditis, Religionis puræ causa afflictis, aut manifesta Tyrannide oppressis.

n'avoir d'autre secours à offrir au successeur de Charles II, à son tour dépossédé, que l'asile désert et comme l'ensevelissement du château de Saint-Germain.

De pareils avertissements, de semblables leçons ne pouvaient être perdues pour l'éloquent panégyriste de Henriette de France et de Henriette d'Angleterre, non plus que pour le familier de Jacques II.

Ce n'est pas que Bossuet pénètre bien profondément l'avenir, ni qu'il conçoive les plus légères appréhensions sur le sort d'une monarchie qui brille à ses regards éblouis. Parfois même, il est fort tenté de croire « qu'il n'y a qu'à mépriser ces vains politiques, qui, sans connaissance du monde et des affaires publiques, pensent pouvoir assujettir les trônes des rois qu'ils dressent parmi leurs livres, ou qu'ils dictent dans leurs écoles (1). »

(1) Bossuet, *Œuvres complètes*, t. XIV, p. 311.

Néanmoins, faudra-t-il, en se taisant, amnistier les désordres déjà consommés? Surtout faudra-t-il couvrir d'un silence coupable
les doctrines par où le Cromwélisme prévaut (1), alors que ces doctrines ont pour
fauteurs les adversaires de toute autorité,

— *Cinquième Avertissement sur les lettres de
M. Jurieu*, XLIX.

(1) Bossuet, *Œuvres complètes*, t. xiv, p. 334,
Cinquième avertissement, etc., LXII. « Il n'est pas
question de détester Cromwel et de le comparer à
Catilina, quand après cela on suit toute sa doctrine...
En effet, si les peuples sont toujours et en toute
forme d'État les principaux souverains, si les rois
sont leurs justiciables et relèvent de ce tribunal,
si on peut leur faire la guerre, appeler contre eux
l'étranger, les priver de la royauté, les réduire par
conséquent à un état particulier, qui empêche
qu'on n'aille plus loin? — Leur innocence, dira
M. Jurieu, comme les derniers du peuple. Mais encore qui sera juge de leur innocence, si ce n'est
encore le peuple, ce peuple qui n'a pas même besoin d'avoir raison pour rendre ses actes valides,
juridiques et exécutoires, comme parle M. Jurieu?

c'est-à-dire les protestants, contre lesquels sa vie entière n'a été qu'une longue lutte? Bossuet ne le pense pas. Car « si c'est un mauvais caractère et un des effets les plus odieux de la Réforme d'avoir armé les sujets contre les princes et leur patrie, et d'avoir rempli tout l'univers de guerres civiles, il est encore plus mauvais et plus odieux de l'avoir fait par principes, et d'établir des maximes séditieuses qui tendent à la subversion de tous les empires et à la dégradation de toutes les puissances établies de Dieu... Il n'y a rien de plus opposé à l'ancien Christianisme que ce Christianisme réformé, puisqu'on a fait et qu'on fait encore dans celui-ci un point de religion de la révolte, et que dans l'autre on en a fait un de l'obéissance et de la fidélité (1). »

Conséquemment, à ces maximes séditieuses,

Qui ne voit donc que, par les maximes de ce ministre, le Cromwélisme prévaut. »

(1) Bossuet, *Œuvres complètes*, t. XIV, p. 221.

aux maximes que l'Angleterre vient de prati-
quer et qui conduisent infailliblement « à des
extrémités qu'il n'ose nommer (1), » le patriotique prélat opposera de salutaires préceptes de gouvernement.

Bien plus, il combattra les protestants avec
leurs propres armes.

« Après avoir consumé le temps à plusieurs raisonnements et distinctions inutiles,
écrivait Bossuet dans son *Cinquième Avertissement aux protestants*, M. Jurieu en vient
enfin à s'en rapporter à l'Histoire Sainte, non-
seulement comme *à la règle la plus certaine*,
mais encore comme à la seule qu'on puisse
suivre, puisqu'il n'y a, dit-il, que les autori-
tés divines qui puissent faire quelque impression sur les esprits. C'est aussi par là qu'il

*Cinquième Avertissement sur les lettres de M. Ju-
rieu*, I.

(1) Bossuet, *Œuvres complètes*, t. XIV, p. 334,
Cinquième Avertissement, etc., LXII.

se vante de pouvoir montrer qu'en toutes
sortes de gouvernements le peuple est le
principal souverain, ou plutôt le seul souverain
en dernier ressort; puisque la souveraineté y
demeure toujours, non-seulement comme dans
sa source, mais encore comme dans le premier et principal sujet où elle réside (1). »

Il y a là, suivant Bossuet, « un prodigieux
abus de l'Écriture (2) ». A cet abus, il convient de substituer un légitime usage. Puis
donc que, même en matière de politique, les
protestants en viennent à invoquer les Écritures, c'est aux Livres Saints que l'évêque de
Meaux demandera, de son côté, les moyens
« de venger les droits des rois et de toutes
les puissances souveraines (3) ». De la sorte,

(1) Bossuet, *Œuvres complètes*, t. XIV, p. 291,
Cinquième Avertissement, etc., XXXVI.

(2) *Id., ibid.*

(3) Bossuet, *Id., ibid.*, p. 311, *Cinquième Avertissement, etc.*, XLIX.

comme le remarquait très-bien l'abbé Bossuet, *la Politique tirée de l'Écriture* a une liaison essentielle avec le *Discours sur l'Histoire universelle* (1), « l'auteur ayant ramassé dans ces deux ouvrages tout ce que les Livres Saints, tout ce que les histoires sacrées et profanes ont de plus propre à faire connaître au prince la religion, et à lui donner les règles et les principes du gouvernement le plus sage et le plus parfait (2) ». Mais, à n'en pas douter, *la Politique* se rattache peut-être

(1) Cf. Le Dieu, *Journal*, t. III, p. 252. « L'abbé Bossuet, dans la préface de la *Politique*, qui est de sa façon, a pris un tour singulier de rechercher une liaison de la *Politique* avec le *Discours sur l'Histoire universelle*, pour relever d'autant plus ce dernier ouvrage par le succès certain et le véritable sublime du premier, ce qui à la vérité n'est point sans apparence, mais néanmoins n'a jamais été du dessein de l'auteur. Il fallait bien dire quelque chose, et ce moyen lui a fourni sa matière. »

(2) *Politique*, etc. préface, p. 11.

plus immédiatement encore à l'*Histoire des Variations*.

Telles sont, si je ne m'abuse, les idées sous l'empire desquelles le grand évêque a repris un dessein qu'il semblait avoir abandonné, et suivi, pour le réaliser, une méthode d'autorité que n'expliquerait pas seule sa foi religieuse aux destinées du peuple Juif.

Aussi bien, quelles autres idées eussent été capables de rendre à ce vieil athlète quelque chose de sa première ardeur et de ranimer chez lui un feu prêt à s'éteindre?

Bossuet s'était occupé une première fois de sa *Politique* de 1677 à 1678. Dans l'espace de moins d'une année, il en avait composé les six premiers livres. C'était comme le dernier acte de sa tâche de précepteur. Il travaillait alors uniquement pour le Dauphin. Ce n'est qu'à partir de 1700 que Bossuet se remet à sa *Politique*, et qu'il en rédige les quatre derniers livres. Sans doute il est encore au service de la Cour, et personne ne défère plus que lui aux vœux exprimés par les princes. Toutefois, à cette date, c'est en homme public qu'il écrit. Il satisfait aux exigences de sa conscience ; il parle à ses contemporains ; on peut même dire que c'est à la postérité qu'il s'adresse (1).

(1) Cf. Le Dieu, *Journal*, t. III, p. 251. « L'abbé Bossuet a bien fait sa cour de la *Politique*, principalement par l'épître dédicatoire qu'il y a mise, adressée à Mgr le Dauphin, qui est certainement bien faite et très-flatteuse, mais aussi très-sérieuse et respectueuse, et fait un grand honneur à M. de Meaux comme précepteur de Monseigneur. C'est une fine politique de cet abbé, d'avoir profité de cette occasion pour s'attirer de Mgr le Dauphin une telle considération contre l'intention même de l'auteur, qui avait résolu de publier cet ouvrage sans y faire davantage aucune mention du prince, parce qu'il ne convenait plus à ce grand homme de reparaître sur la scène comme précepteur, ni de rappeler un grand prince à ses premiers temps. Contre

De là, les efforts suprêmes qu'il s'impose et que consigne avec détails, dans son *Journal*, son secrétaire l'abbé Le Dieu :

« Ce lundi 27 septembre 1700, M. de Meaux, mettant avec moi ses papiers en ordre, m'a dit qu'il allait travailler à son ouvrage de *la Politique* et y mettre la dernière main. — 18 octobre, séjour à Germigny. M. de Meaux est tout à fait appliqué à son *Traité de la Politique*, sans que les compagnies qui lui viennent l'en distraient. — 3 novembre. Dans tout ce temps, M. de Meaux a toujours

cette intention, qui n'est connue de personne, cet abbé a eu non-seulement la hardiesse de proposer au roi le dessein de cette dédicace, mais il a eu même l'adresse et le bonheur d'en obtenir la permission, et enfin d'en voir l'exécution et le succès. C'est certainement un tour d'esprit des plus fins. » — De Bausset, *Histoire de Bossuet, pièces justificatives*, liv. IV. « Bossuet se proposait de dédier cet ouvrage au roi. C'est ce qu'il annonça à M. Anisson, qui était chargé de l'imprimer. »

travaillé à sa *Politique*, que l'on commence à mettre au net. — Février 1701. Travail continuel sur *la Politique*, à laquelle je vois faire de nouvelles additions. — 19 août 1701. M. de Meaux est actuellement sur sa *Politique*, qu'il veut achever avant toute autre chose ; il me disait que cet ouvrage demandait une révision fort exacte, de peur des redites qui peuvent lui être arrivées, à cause qu'il a fort augmenté ce livre depuis six mois, sans en avoir revu la première partie qui est faite depuis plus de vingt-deux ans, et dès qu'il était auprès de Monseigneur, à qui il a fait étudier cette première partie dès ce temps. — Mars 1702. M. de Meaux lit tout de bon sa *Politique*, et c'est de quoi il s'occupe entièrement. — 27 juillet 1703. Dessein pris avec M. Anisson, pour *la Politique* qu'on va bientôt entreprendre. » — Cependant les forces de l'illustre vieillard commencent à céder. « 11 novembre 1703. M. de Meaux ne se sent pas assez de force pour achever *la Politique*, qu'il remet encore à un autre temps et qu'il m'a témoigné avoir grande envie de donner au public. — 12 février 1704. M. de Meaux s'est encore récrié plus souvent qu'hier: Je sens ma tête ferme; j'ai bien envie d'achever *la Politique*. — 18 février 1704. Aujourd'hui, M. de Meaux me parlait de sa *Politique* comme d'un ouvrage qu'il voulait encore achever, mais sans abandonner le dessein de donner aussi ses écrits sur la grâce. C'est se proposer bien du travail à la fois, et se flatter d'une bonne santé et d'une longue vie, quand il n'y en a pas grande apparence (1). »

Effectivement, la mort ne laissa point à Bossuet la satisfaction qu'il poursuivait. Il expirait le 12 avril 1704, avant même d'avoir

(1) L'abbé Le Dieu, *Journal*, t. I, p. 155 et suiv. — t. II, p. 23 et suiv.

pu tracer les lignes qui devaient clore l'œuvre
de ses derniers jours (1), et ce fut à son neveu,

(1) *Politique*, etc., préface, p. xxi. « Il est certain que le dessein de l'Auteur était d'ajouter encore à la fin une récapitulation de tout le livre,
comme il avait accoutumé de faire dans presque
tous ceux qu'il a donnés au public... Car on trouve
à la fin de l'original de cette *Politique* ces mots
écrits de sa main en titre : *Abrégé et conclusion de
ce discours.* Ce qu'il n'a pu exécuter, prévenu par
une mort précédée de longues infirmités, pendant
lesquelles il a souvent dit à la personne qu'il a
laissée dépositaire de ses manuscrits, et qui lui
proposait de rendre cet ouvrage parfait suivant ses
vœux, en faisant cet abrégé et cette conclusion :
que toute la force de son esprit y était nécessaire,
qu'il n'attendait qu'un rayon de santé pour l'achever ; et que comme il en avait seul la parfaite com-
préhension, lui seul pouvait y travailler. C'est la
seule chose qui manque à cet ouvrage, achevé
d'ailleurs... Ce qu'on s'est cru permis, c'est de
mettre à la place, et comme pour conclusion, un
trait d'un des plus grands Docteurs de l'Église, de
saint Augustin parlant aux empereurs chrétiens,
qui semble fait exprès pour servir de conclusion à

à cet abbé Bossuet, qui l'avait tant commis avec Rome par ses hargneuses pétulances (1),

cet ouvrage ; et qu'on n'a pas même lieu de douter que l'Auteur n'ait voulu employer en cet endroit, puisqu'au même lieu de l'original que l'on vient de marquer, on voit écrit de la même main ces autres mots en abrégé : *Saint Augustin*, *De la Cité de Dieu*, d'où on a tiré ce passage. »

(1) Voyez les *Lettres sur l'affaire du Quiétisme ;* Bossuet, *Œuvres complètes*, t. XXIX. — Le Dieu, *Journal*, t. II, p. 197. « Ce mardi, 23 décembre 1704. M. l'abbé Bossuet arrive à Meaux ce soir dans son carrosse, apportant le manuscrit de la *Politique* de feu M. de Meaux, et bien d'autres portefeuilles. Il va apparemment travailler à mettre au jour ces ouvrages, auxquels on le flatte dans le *Journal de Trévoux*, du mois de novembre dernier, qu'il est très-capable de mettre la dernière main. » Il ne faudrait point d'ailleurs s'y tromper. Ce fut beaucoup moins le soin de la mémoire de son oncle, qu'un intérêt tout personnel qui porta cet abbé Bossuet à publier les œuvres posthumes de l'évêque de Meaux, et notamment *la Politique*.

Cf. Le Dieu, *Journal*, t. II, p. 7. Septembre 1703. « Je viens de dire à M. l'abbé Bossuet que M. son

que revint l'honneur de publier *la Politique*.
Chose singulière! il n'y eut pas de diffi-

frère m'avait demandé *la Politique* comme il avait
fait lui-même avant son départ pour Meaux, que
je la lui avais donnée, qu'il l'avait enfermée sous sa
clef, et qu'ainsi il devait être en repos sur cet ouvrage, puisqu'il était en lieu de sûreté : « C'est,
m'a-t-il dit, qu'il le veut lire comme j'ai envie de
le faire. — Vous n'en aurez guère le temps ni l'un
ni l'autre. » Mais pour M. Bossuet, il ne dit pas
cela ; il m'a même demandé s'il n'y avait pas d'autres écrits de M. de Meaux ; et je lui ai répondu
que tout était à Paris et à Meaux en bon ordre,
dans des armoires dont M. de Meaux avait les clefs
dans sa cassette, et dont ils s'étaient assurés ayant
eux-mêmes les clefs et de la cassette et du bureau.
On voit que ces messieurs sont fort attentifs, et
qu'après s'être rendus maîtres de l'argent comptant,
ils portent leur prévoyance sur des ouvrages dont
ils espèrent faire aussi de l'argent. Voilà de bons
ménagers qui ne veulent rien perdre. » M. Bossuet voulait de l'argent et M. l'abbé Bossuet un
évêché, que l'illustre auteur de *la Politique*, oubliant, cette unique fois, ce qu'il se devait à soi-

cultés que ne rencontra cette publication. Il s'agissait d'un ouvrage de Bossuet, c'est-à-dire de l'esprit le plus sensé, le plus droit, le plus tempérant que possédât le dix-septième siècle. Et pourtant, si grand était l'effroi qu'inspirait à cette époque toute espèce de spéculations politiques, qu'après maints délais, en 1707, le livre n'avait encore reçu ni l'approbation ni le privilége nécessaires pour l'impression.

« M. de Saint-André, écrivait en mars 1707 l'abbé Le Dieu, m'assura que M. Pirot avait achevé la lecture de *la Politique* de M. de Meaux; qu'il y avait fait un gros cahier de remarques, qui sont autant de difficultés contre ce livre... L'abbé Bossuet a très-grande impatience de le faire paraître, et le public le demande avec encore plus d'em-

même, avait inutilement sollicité pour son neveu, mais que son neveu finit cependant par obtenir.

pressement; à entendre Saint-André, l'abbé Bossuet fait un grand travail pour justifier celui de son oncle. » — Avril 1707. « J'apprends par M. de Saint-André que M. Pirot, examinateur de *la Politique*, continue de faire de grandes difficultés sur plusieurs endroits de ce livre et recule d'écouter l'abbé Bossuet dans les réponses qu'il a faites à ces difficultés... M. Le Pelletier, le ministre, a dit à Saint-André qu'il avait ouï parler de ce livre comme d'un ouvrage excellent, mais que l'on ne croyait pas que le temps fût propre pour le donner. » — Septembre 1707. « M. de Chasot m'a dit qu'enfin M. l'abbé Bossuet était hors des mains de M. l'abbé Pirot pour l'approbation de *la Politique*, mais non point encore hors de celles de M. l'abbé Bignon, ni de M. le Chancelier pour le privilège concernant l'impression, et qu'ils diffèrent encore à faire expédier les lettres. » Et le 6 octobre de la même année : « L'abbé Bossuet n'a point encore de privilége pour *la Politique;* il traîne partout avec lui ce manuscrit, mais l'ouvrage n'avance point plus pour cela et n'est aucunement prêt à donner à l'imprimeur (1). » Accordons du moins ce mérite à l'abbé Bossuet : il ne se laissa point décourager. Aussi finit-il par obtenir des examinateurs les approbations, et du Chancelier le privilége (2). Mais, ces premiers obstacles

(1) Le Dieu, *Journal*, t. III, p. 83, 93, 134, 135.

(2) *Id.*, *ibid.*, p. 147. Décembre 1707. « M. de Saint-André m'apprend que M. l'abbé Pirot a donné dans les formes son approbation à la *Politique* de feu M. de Meaux, et que M. le Chancelier a donné le privilége pour l'imprimer. » Et déjà antérieurement : *id.*, *ibid.*, p. 121. Juillet 1707. « M. Pirot est convenu que cet ouvrage est admirable, et que le dessein de M. le Chancelier (Pontchartrain, qui s'était effrayé d'un *traité ex professo sur la politique*) est de laisser paraître ce livre sans y faire mettre l'approbation de lui, M. Pirot, censeur, se contentant qu'il soit rendu compte de l'ouvrage à M. l'abbé Bignon (alors directeur de la

vaincus, se présentèrent d'autres embarras.
Il s'agissait, répétons-le, d'un ouvrage de
Bossuet, c'est-à-dire d'un des hommes qui,
par son savoir, son éloquence, son génie,
avaient le plus illustré son pays et honoré
son temps. Néanmoins, le croira-t-on? les
éditeurs, qui auraient dû se disputer cette

librairie). » Cf. *id.*, *ibid.*, p. 166. Avril 1708. —
« M. l'abbé Bossuet vient de m'envoyer les lettres
de privilége. Elles sont du 24 mars 1708 pour l'impression *de la Politique*, de l'*Abrégé de l'Histoire de
France*, de la *Connaissance de Dieu et de soi-même*,
avec la *Logique* et la *Morale* faites pour Mgr le
Dauphin ; plus les lettres comprennent les *Éléva-
tions sur les Mystères* et *Méditations sur l'Évangile*,
etc., etc. Cette permission pour vingt ans. » On
sait d'ailleurs que l'abbé Bossuet n'usa point complétement de cette permission. Car plusieurs des
ouvrages mentionnés dans le privilége n'ont paru
que beaucoup plus tard, ou même, comme la *Morale*,
n'ont jamais paru. Voyez relativement à la *Morale*
mes conjectures, *Essai sur la philosophie de Bossuet*, nouv. édit. Paris, 1862, in-8, *Appendice*.

œuvre capitale, la repoussaient à l'envi, ne voulant pas courir des chances de perte qu'ils considéraient comme à peu près certaines. Enfin l'un d'entre eux, Pierre Cot, se montra plus hardi (1), et *la Politique*, impri-

(1) Le Dieu, *Journal*, t. III, pag. 152, 164. 31 janvier 1708. « L'abbé m'a raconté l'engagement qu'il a pris par écrit avec M. Pierre Cot, fondeur, libraire et imprimeur, pour l'impression de la *Politique* de feu M. de Meaux, in-4, etc. Il avoue que ce libraire n'y gagnera rien, que c'est un homme d'esprit qui a du bien et qui cherche à se faire connaître. » — 20 mars 1708. « J'ai été avec l'abbé voir M. Cot, son libraire. Le Cot m'a paru fort embarrassé et cherchant à ménager, surtout dans l'édition qu'il prépare des ouvrages de M. de Meaux, sur les marges, sur les additions, sur le papier, et quand je lui eus lâché ce mot : Y a-t-il à marchander ? Voilà le *Discours sur l'Histoire universelle*, dont vous êtes obligé de suivre le modèle par votre marché en tout point, il demanda à l'abbé Bossuet à l'oreille : « Est-ce que M. Le Dieu sait notre marché ? » tant il craint que ses

mée sous la surveillance de Saurin et de
l'abbé Boutard (1), parut en 1709, aux ap-
plaudissements de la Cour (2).

confrères n'en aient connaissance et ne se moquent
de lui. »

(1) Le Dieu, *Journal*, t. III, p. 121. « M. l'abbé
Bossuet m'a dit qu'il comptait sur M. Saurin, ci-de-
vant ministre, aujourd'hui nouveau catholique, et
de l'Académie royale des sciences; que cet attachement à l'Académie, avec le travail du *Journal
des Savants* auquel il est aussi appliqué, pourrait
bien le détourner; mais que l'abbé Boutard, le
poëte, s'était aussi offert à lui, que celui-ci avait
plus de temps, et qu'il se servirait de l'un ou de
l'autre, ou des deux. »

(2) *Id.*, *ibid.* p. 251. 10 septembre 1709. « J'ai
trouvé M. l'abbé Bossuet ayant eu quelques accès de
fièvre, de s'être trop échauffé à son voyage de Versailles, samedi dernier, 7 septembre, où il a fait
ses présents de *la Politique* au roi, aux princes, et
à toute la Cour, et a été très-bien reçu partout,
avec éloges de feu M. Bossuet, évêque de Meaux,
son auteur, et de la part même du roi, toujours honnête, et de la part de M. le duc de Bourgogne,

Maintenant que nous nous sommes rendu compte des vicissitudes qu'a traversées ce livre avant de paraître, du dessein que s'y est proposé l'auteur, des motifs qui ont dirigé sa plume et déterminé sa conduite, entrons dans l'étude des doctrines qu'il comprend. Ajoutons d'ailleurs au texte de *la Politique*, avec le *Cinquième Avertissement* contre le ministre Jurieu, le *Premier Discours* contre le ministre Basnage. Car ces deux pièces empruntées à la défense de l'*Histoire des Variations* complètent *la Politique*, et l'abbé Bossuet lui-même nous avertit que si l'évêque de Meaux a paru éviter dans cet ouvrage toutes les matières contentieuses sur la nature du gouvernement et les devoirs de la sujétion sous l'autorité légitime, c'est qu'il a cru les avoir suffisamment traitées ailleurs,

disant qu'il connaissait l'ouvrage et que les princes le devaient lire une fois par an. »

surtout en répondant à Basnage et à Jurieu (1).

(1) *Politique*, préface, p. x. « Du reste, poursuit l'abbé Bossuet, l'auteur s'en tient ici sur cette
matière, en suivant l'exemple de Jésus-Christ
même, à ce qu'il y a de plus certain et de plus
au-dessus de toute dispute. Jésus-Christ (et c'est
ce qu'on a souvent ouï répéter à M. de Meaux,
quand il parlait de ses difficultés, par rapport à cet
ouvrage de *la Politique*), Jésus-Christ dans son
Évangile n'a voulu entrer en aucune sorte dans la
constitution ou dans la forme qu'avait en son temps
le gouvernement de l'empire romain, sous lequel
il a trouvé le peuple de Dieu, et où il a voulu naître
lui-même. Il a supposé par toutes ses paroles que
ce gouvernement, tel qu'il le trouvait, était légitime en soi, et dès là établi de Dieu à sa manière. »

III

Caractère d'infaillibilité que revêt, à contre-sens, *la Politique tirée des propres paroles de l'Écriture Sainte.* — *La Politique,* objet d'édification pour le Dauphin; instrument de polémique contre les protestants. — Double et capitale erreur que commet Bossuet en composant sa *Politique* : 1° Confusion de la politique non-seulement avec la morale, mais avec la religion. Que la politique est une école non de sainteté, mais de liberté. 2° Étrangeté et contradiction qui se trouvent à faire de la politique du peuple juif l'idéal de toute politique. Abus de l'Écriture. — Méthode erronée qu'emploie Bossuet. Que la méthode géométrique ou théologique ne convient point à la science des êtres ou de la vie.

L'abbé Bossuet, dans l'épître dédicatoire au Dauphin qu'il a mise en tête du livre de l'évêque de Meaux, n'a pas assez d'éloges pour célébrer la sublimité de la politique qui s'y trouve exposée. « Politique, écrit-il, toute fondée sur ce qu'il y a de plus inviolable dans la nature, de plus lumineux dans

5.

la raison, de plus autorisé dans la loi divine ; qui enseigne aux princes tout ce qu'ils doivent à Dieu, tout ce qu'ils se doivent à eux-mêmes. Politique vraiment divine et immortelle, qui affermit les fondements du trône des rois, qui préside à leurs conseils et qui imprime dans les cœurs des sujets cet amour et ce respect sans lequel leur couronne perdrait tout son éclat (1). »

C'était reproduire le langage même de Bossuet.

« Tout ce que Lacédémone, écrivait l'évêque de Meaux, tout ce qu'Athènes, pour remonter à la source, tout ce que l'Égypte et les États les mieux policés ont eu de plus sage, n'est rien en comparaison de la sagesse qui est renfermée dans la loi de Dieu, d'où les autres lois ont puisé ce qu'elles ont de meilleur. Aussi n'y eut-il jamais une plus

***

(1) *Politique, etc., Epistre à Mgr le Dauphin.*

belle constitution d'État que celle du peuple de Dieu (1). »

Or, d'où sera tirée cette politique divine et immortelle? De la seule Écriture Sainte, « qui seule a cette fermeté que rien ne peut ébranler, et à qui nulle autorité sur la terre ne peut être comparée (2). »

C'est pourquoi l'abbé Bossuet, caractérisant fidèlement le livre dont il s'est fait l'éditeur, ajoute avec une continuité d'enthousiasme, mais non sans quelque naïveté : « Tout le dessein de l'auteur éclate dès le titre de l'ouvrage : *Politique tirée des propres paroles de l'Écriture Sainte*. Elle est tirée de *l'Écriture;* par conséquent il ne s'y trouve rien de profane, rien même de douteux où d'incertain. Tout y est vrai, clair et lumineux; car c'est la vérité même et la lumière même.

(1) Bossuet, *Œuvres complètes*, t. XXV, p. 165, *à Mgr le Dauphin*.

(2) *Politique, etc.*, préface, p. v.

Elle est *tirée des propres paroles de l'Écriture;* ce ne sont point ses conjectures, ses inductions, ses raisonnements, que l'auteur prétend donner pour maximes à son prince. C'est le propre texte de l'Écriture, ce sont les propres expressions du Saint-Esprit, qu'il met devant les yeux du prince comme sa règle. Quelle impression, quel saint respect n'inspire pas au prince, et à tout lecteur, d'apercevoir, dès le titre même du livre, que ce n'est point l'homme qui y parle, ni qui enseigne le prince, mais, à vrai dire, que c'est Dieu même ! C'est ce qui caractérise cet ouvrage et le dessein de l'auteur; c'est ce qui le rend différent de tous ceux qu'on a pu faire jusqu'à présent sur la même matière; mais en même temps c'est ce qui excite une forte curiosité chez les lecteurs, de voir comment l'auteur aura pu trouver les maximes et les règles de la plus belle politique qui fût jamais, dictée par le Saint-Esprit : ce qui cause ensuite l'étonnement et l'admiration, quand on voit l'exécution suivre exactement le projet, et donne une idée de l'Écriture que le monde n'a pas, et qui la met sur cette matière même, au-dessus de tous les autres livres (1). »

La curiosité d'abord, l'étonnement ensuite, tels sont en effet les sentiments qu'on éprouve, à lire le titre même de la composition de l'évêque de Meaux, puis à en parcourir le contexte. Bossuet y donne réellement de l'Écriture une idée que le monde n'a pas, et si l'on admire souvent la sûreté qu'il apporte à en développer les maximes, j'ose avancer aussi que plus d'une fois on s'étonne des applications qu'il en fait.

Évidemment, pour apprécier *la Politique* avec équité, il convient de se souvenir du dessein qu'a conçu l'auteur et du but qu'il se

______

(1) *Politique, etc.*, préface, p. VI.

propose. Dans les six premiers livres notamment de cet ouvrage, Bossuet s'adresse à un
jeune prince de dix-sept ans, qu'il veut et
qu'il doit édifier beaucoup plus qu'il ne prend
à tâche de l'initier à l'art difficile du gouvernement. Confondre « ceux qui croient que la
piété est un affaiblissement de la république, »
enseigner aux rois « que la fin que se doit
proposer toute bonne politique, c'est de rendre la vie commode et les peuples heureux, »
voilà en somme le thème dominant de ses
démonstrations. Et ce thème ne change guère
dans les quatre derniers livres, quoique l'évêque de Meaux en vienne de plus près aux
détails des affaires et de l'administration des
États. Comment, dès lors, s'étonner qu'il ait
tiré des Écritures des exhortations à la vertu,
des préceptes de morale, des exemples de
sainteté, de pieux conseils? Que si d'ailleurs
la vie publique d'Israël lui devient comme un
constant modèle sur lequel il ne cesse d'ap-

peler les regards et de reporter l'attention,
que fait-il en cela autre chose que s'accommoder aux exigences de son temps, on dirait
presque à la manie de son siècle, et suivre
en quelque façon les protestants sur le ter-
rain même d'infaillibilité où il leur a plu de se
placer?

Cela dit à la décharge de Bossuet, il reste
cependant qu'à suivre la voie qu'il s'est tra-
cée, il a commis une double erreur, d'où
naissent dans sa *Politique* d'irremédiables infirmités.

Qui ne voit effectivement, en premier lieu,
que Bossuet non-seulement ne distingue plus
de la religion la morale, mais qu'il identifie
avec la morale ou même avec la religion la
politique? Or, si la morale reste inséparable de la religion, n'est-elle pas pourtant dis-
tincte de la religion? Et s'il n'y a pas de politique digne de ce nom, qui ne se fonde sur
le respect inviolable de la morale, n'est-il

pas constant néanmoins qu'autre chose est
la direction des consciences, autre chose la
direction des États? Certes, la vertu est
la seule base solide sur laquelle se puisse
opérer sûrement la conciliation des intérêts.
La vertu pourtant ne suffit pas à les concilier,
et un art particulier y est nécessaire. La vertu,
aussi bien, n'est-elle point, avant tout, la pratique du devoir? Et la politique, au contraire,
n'a-t-elle pas, avant tout, pour objet, l'exercice du droit? Sans contredit, ces deux notions
de devoir et de droit sont corrélatives et ne
présentent que les deux aspects d'une même
idée, qui est l'idée du juste. Vouloir exercer
son droit sans accomplir son devoir, serait
d'une injustice souveraine. De là vient que
toute déclaration de droits emporte avec elle
une implicite reconnaissance de devoirs. Mais
loin qu'il y ait manque de justice à remplir
son devoir sans revendiquer son droit, c'est
précisément dans cette renonciation au droit

que consiste très-souvent l'excellence de la
vertu. Fortifiez, en outre, cette vertu en la
rattachant à la religion comme à son principe, et vous n'aurez plus seulement l'abnégation, qui se désintéresse de son droit. Vous
aurez la résignation qui souffre la violation
du droit. Or, on l'avouera, si les dévoue-
ments honorent toujours et parfois même
sauvent les sociétés, c'est singulièrement à
la vie privée que paraît s'appliquer dans sa
passivité cette forme du sacrifice qui s'appelle l'abnégation. Et si la résignation est un
état de l'âme qui offre de la grandeur, c'est
à la vie religieuse manifestement qu'il convient de la rapporter. La vie publique exige
des vertus actives. Au lieu d'être, à un degré
quelconque, une abdication du droit, elle en
demeure la perpétuelle et rigoureuse reven-
dication. Son théâtre est le forum et non le
foyer ; elle cherche à posséder la terre et
non le ciel ; elle réclame des citoyens et non

des anges. La politique, en un mot, est une école non de sainteté, mais de liberté. Il y a donc une politique servile, ou une politique libérale ; une politique qui ennoblit l'homme, ou une politique qui le dégrade ; une politique qui le fait misérable, ou une politique qui le rend heureux ; il n'y a pas de politique sacrée.

C'est là ce que n'a pas compris Bossuet.

D'un autre côté, en nous proposant la politique qui se produit dans l'histoire des Juifs comme une invariable et divine révélation, et ainsi comme l'idéal éternel de toute politique, l'évêque de Meaux s'est jeté dans les plus étranges difficultés.

Assurément, quelque foi que l'on professe, il est impossible de contester le rôle extraordinaire qu'a joué la nation juive. Il faut nier, mutiler les documents les mieux avérés ou reconnaître que c'est chez cette race privilégiée que se sont conservées malgré des traverses inouïes, pour se répandre de là par tout l'univers les croyances qui fondent la dignité de l'espèce humaine parce qu'elles confirment ses espérances et garantissent ses droits. Ce n'est pas tout. On est obligé de rejeter comme une fable le dogme de la divine Providence, de ne point admettre dans les actions des hommes l'intervention de l'action de Dieu, ou d'accorder que Dieu a exercé sur les Juifs des conduites particulières. L'histoire et la philosophie concourent de la sorte à établir que ce n'est point une pure hyperbole que d'attribuer au peuple juif la dénomination de peuple de Dieu.

Néanmoins, s'ensuit-il que la politique des petits princes de la Judée nous doive être un constant modèle? S'ensuit-il qu'il nous faille invariablement chercher nos inspirations dans les récits où se trouvent rapportés les crimes de ces roitelets ou leurs vertus, les péripéties de leurs aventures belliqueuses ou les détails quelquefois déplorables de leur existence do-

mestique ? Non certainement. Il y aurait
même, ce semble, à le soutenir, énormité tour
à tour, contradiction ou puérilité.   •

Comment en effet, sans énormité, rapporter à une autorité divine, pour l'ériger
ensuite en exemple, cette politique de chair
et de sang, dont les Juifs furent en maintes
occasions les victimes tour à tour et les
héros (1)?

Mais supposons, si l'on veut, que cette
politique soit aussi irréprochable que trop
souvent elle l'est peu. N'y a-t-il pas singula-
rité ou même contradiction flagrante, je ne
dis pas seulement à fonder une apologie de
la monarchie sur l'histoire d'un peuple essentiellement démocratique, mais encore et sur-

---

(1) Grotius faisant réflexion sur la pensée de cet
ancien qui disait qu'on mettrait bien les noms des
bons rois sur un anneau, l'appliquait particulièrement aux rois hébreux. *In animadversionibus ad
animadversiones Riveti ad art.* 14, p. 25.

tout à proposer la politique des Juifs à l'imitation de tous les pays, de tous les siècles, de toutes les nations? Quoi! la France de Louis XIV était tenue de se modeler sur la Judée de David ou de Salomon! Une assertion aussi exorbitante ne vaut guère la peine qu'on s'y arrête. Allons plus avant : Bossuet enseigne, et je répète avec lui, que les Juifs ont joué dans l'histoire un rôle exceptionnel. A ce rôle exceptionnel ne fallait-il pas, de toute nécessité, des moyens exceptionnels? Et conséquemment ne devient-il pas contradictoire de prétendre que la politique de ce peuple auquel a été décerné le titre unique de peuple de Dieu doive être un type de politique pour les autres peuples, à qui n'ont pas été départies les mêmes destinées?

Il y a sans doute, même en politique, des principes éternellement vrais, qui, en tout temps, en tout lieu, devraient être l'âme des gouvernements, et que, par suite, en tout temps, en tout lieu, il importe extrêmement de faire prévaloir. Bossuet excelle à les mettre en lumière, à démontrer leur sainte autorité, et s'il en est même d'essentiels qu'il laisse dans l'ombre ou qu'il oublie, c'est avec une force invincible qu'il expose les maximes de droite raison auxquelles il s'attache. C'est là le bel endroit de sa *Politique*. Mais si la droite raison suffit à nous instruire de ces maximes, pourquoi affecter de les chercher presque uniquement dans les Écritures? Et si elles se montrent profondément gravées dans les cœurs, quoique oblitérées par les passions, pourquoi en appeler sans cesse, en les affirmant, à la parole révélée, ou même invoquer à chaque mot le témoignage du Saint-Esprit? Bossuet n'a pas toujours su éviter ce regrettable abus. C'est ainsi que, par un rapprochement qui étonne, on le voit accoler le nom d'Homère au nom du Saint-Esprit, le

nom d'Aristote au nom du Saint-Esprit. « Ce
n'est pas seulement Homère qui appelle les
princes pasteurs des peuples, c'est le Saint-
Esprit (1). » Et ailleurs : « Aristote l'a dit ;
mais le Saint-Esprit l'a prononcé avec plus de
force (2). » Par moment, il est vrai, son bon
sens le tient en garde contre ces bizarreries :
« La religion, dira-t-il, n'entre point dans la
manière d'établir les impôts publics que chacun connaît (3). » Cependant, quelques pages
plus haut, parlant de la magnificence de Salomon, il n'hésite pas à écrire : « Le roi était
servi en vaisselle d'or. Tous les vases de la
maison du Liban étaient de fin or. Et le Saint-
Esprit ne dédaigne pas de descendre dans

(1) Bossuet, *Œuvres complètes*, t. XXV, p. 221.
— *Politique*, liv. III, 3ᵉ prop.

(2) *Id.*, *ibid.*, p. 224. — *Politique*, liv. III,
5ᵉ prop.

(3) *Id.*, *ibid.*, p. 489. — *Politique*, liv. X,
9ᵉ prop.

tout ce détail (1). » Comme si l'inspiration des Écritures voulait que tout dans les Écritures, jusqu'à la description d'ustensiles de ménage, fût directement attribué à la dictée positive du Saint-Esprit !

J'en demande pardon au génie de Bossuet, à sa haute raison, à cette saine et vigoureuse intelligence, que personne au monde n'admire plus que je ne fais. Mais il s'est foncièrement mépris sur l'objet même de son ouvrage. Et cette méprise, relative au but qu'il poursuit, explique seule la méthode, également erronée, qu'il emploie.

Illusion étrange des plus grands esprits ! Parce que la géométrie possède une inflexible rigueur et renferme une sorte d'infaillibilité, ils se sont souvent figuré qu'ils assureraient à leurs conceptions une certitude inébranlable,

(1) Bossuet, *Œuvres complètes*, t. XXV, p. 482. — *Politique*, liv. X, Ire prop.

s'ils les soumettaient à la forme déductive qu'emploient les géomètres. La valeur de la science paraît ainsi consister tout entière, à leurs yeux, dans la vertu du procédé, et ils ne s'aperçoivent pas que c'est un parfait contre-sens que de subordonner la science à la méthode et non pas la méthode à la science. Ils ne remarquent pas davantage que si des idées abstraites et exactes se peuvent déduire, c'est principalement, au contraire, par voie d'induction et d'expérience que se développent les idées qui se rapportent aux êtres, à la réalité, à la vie.

L'évêque de Meaux ne s'est pas complétement soustrait à l'empire de cette illusion. « En général, l'ordre qui est observé dans *la Politique*, remarque l'abbé Bossuet, est géométrique. Chaque livre est partagé en plusieurs articles, et chaque article en plusieurs propositions, qui suivent toutes naturellement les unes des autres, et ont ensemble une liaison essentielle (1). » Aussi bien, l'Écriture n'est-elle pas immuable, à l'égal de la géométrie? Et si la politique est assise sur l'Écriture, n'est-il pas légitime de déduire la politique de même que la géométrie? Une fausse notion de la science a produit ici le vice radical de la méthode.

Nous briserons cet appareil factice, et sans nous astreindre à l'espèce d'ordre mathématique que s'est imaginé suivre Bossuet, nous examinerons dans leur succession vraiment naturelle les problèmes qu'il agite et les solutions qu'il présente de ces problèmes (2).

(1) *Politique, etc.*, préface, p. 13. Cf. Le Dieu, *Journal*, t. II, p. 22. « M. de Meaux ne veut que du raisonnement; c'est pour lui le plus aisé et le plus court; il croit que c'est là sa gloire que personne ne lui peut ravir, et son fort où personne ne peut atteindre ni le suivre. »

(2) Il est impossible de ne pas rappeler, à propos de la *Politique* de Bossuet, trois ouvrages contemporains qui offrent avec le livre de l'évêque de

Meaux les plus frappantes analogies : I° *le Monarque*, par le P. Senault, de l'Oratoire ; II° *le Livre
des Maximes chrétiennes et politiques*, par le duc de
Montausier ; III° *les Mémoires de Louis XIV pour
l'instruction du Dauphin*.

I° *Le Monarque, ou les Devoirs du Souverain*,
Paris, 1662, in-12, avec une *Epistre au Roy*. « L'on
s'étonnera peut-être, remarque le P. Senault dans
sa préface, qu'un homme de ma profession ait écrit
sur un sujet que l'on s'imagine appartenir plutôt
aux séculiers qu'aux ecclésiastiques. Mais on ces-
sera de s'étonner, si l'on considère que l'Écriture
Sainte, qui doit faire toute l'étude de ces derniers,
enseigne les princes et leur apprend à gouverner
leurs sujets. Tous les ouvrages de Salomon contiennent aussi bien les maximes de la morale que celles
de la politique... Il n'y a point de secret d'État
dans Aristote ni dans Tacite, que l'on ne puisse
trouver dans *la Sagesse* et dans *l'Ecclésiaste*. Et je
maintiens que ces deux livres peuvent enseigner
aux plus grands princes la plus délicate et la plus
fine politique du monde... Les Pères de l'Église,
qui les avaient soigneusement étudiés, ont fait des
livres de politique aussi bien que de morale. » Toutefois le pieux Oratorien ajoute : « Je me suis plus
souvent servi des auteurs profanes que des ecclé-

siastiques, pour ne me rendre pas suspect aux hommes du monde; et j'ai bien plus de fois cité Platon, Aristote, Thucydide, Xénophon, Tacite, Tite-Live, Sénèque et Plutarque, que je n'ai fait l'Écriture ni les Pères de l'Église, parce que la plupart des politiques s'imaginent que ces derniers n'entendent pas les mystères d'État, et qu'ils savent mieux conduire les consciences que les royaumes et les républiques... J'ai redressé pourtant les premiers quand ils se sont écartés de la religion ou de la morale, et je me suis toujours souvenu dans mon ouvrage que j'étais prêtre, et que je formais un prince chrétien. » Appuyé sur tous ces exemples, le P. Senault traite successivement : *Des différents gouvernements et des avantages que la monarchie a sur tous les autres ; De la grandeur du royaume de France ; Des devoirs du Prince envers Dieu ; Des devoirs du Roi envers soi-même ; Des devoirs du Roi envers ses sujets ; Des devoirs du Prince envers l'État et l'Église, en l'administration de la justice et des finances et en la distribution des bénéfices ; Des devoirs du Souverain envers ses ministres, ses conseillers et ses amis ; Des devoirs du Prince dans la guerre.* Chacun de ces huit traités se subdivise en un certain nombre de discours. — Voyez encore du P. Senault :

L'*Horoscope* de Mgr le Dauphin ; *ensemble diverses pièces de poésie sur sa naissance*. Amsterdam, 1662, petit in-12.

IIº En 1673, Montausier présenta au Dauphin « la première partie d'un recueil de sa composition, qui sous forme de maximes morales et politiques, contenait comme un résumé des instructions que le prince avait reçues jusque-là de la bouche de son gouverneur. Ce livre, irréprochable dans le fond, portait partout l'empreinte de cette sincérité intrépide, qui après avoir fait la fortune de l'auteur fut sur le point de la compromettre. Cette instruction est divisée en trois parties. La première traite des devoirs d'un prince à l'égard de Dieu ; la seconde comprend ses obligations à l'égard de ses sujets ; la troisième prescrit les règles de sa conduite à l'égard des princes et des États voisins. » Am. Roux, *Montausier*, etc., p. 185, et *ibid.*, p. 259, *Appendice*, VII. Fragment du *Livre des Maximes chrétiennes et politiques.* — Cf. Nicolas Petit, *Vie du duc de Montausier*, t. II. — En 1679, Montausier s'occupait encore de la rédaction de ses Maximes et cherchait à les réduire définitivement en un corps d'ouvrage. Voyez les Mémoires inédits et opuscules de Jean Rou, avocat au Parlement de Paris, etc., publiés par Fr. Waddington, Paris, in-8, 1857,

t. I, p. 132. « Le 15e février 1679, écrit l'ancien coreligionnaire du duc de Montausier, je repris le chemin de Saint-Germain, où m'étant rendu auprès de mon illustre patron pour recevoir plus précisément ses ordres, il me dit que l'affaire pour laquelle il m'avait demandé était pour mettre en ordre tous les papiers que, depuis dix à onze ans qu'il était honoré de la conduite de Mgr le Dauphin, il avait recueillis de ses différentes méditations, pour mieux remplir tous les devoirs d'un si glorieux poste... Qu'il avait toute une grande cassette remplie de ces papiers-là, auxquels il ne connaissait plus rien lui-même, et que c'était afin que je les examinasse qu'il me souhaitait auprès de lui. Qu'il s'agissait de donner une forme raisonnable à tout ce chaos, et que par l'arrangement si bien entendu qu'il avait remarqué dans toutes les diverses matières dont mes tables étaient remplies, il avait jugé que j'étais tout propre au débrouillement qui lui était nécessaire pour faire un plan uniforme qui pût porter le glorieux titre d'*Éducation d'un grand prince*. » Rou s'acquitta de la tâche qui lui était confiée. Il ne paraît pas néanmoins que le duc de Montausier, qui ne mourut que dix ans plus tard (1690), ait conduit à terme la publication qu'il avait rêvée.

III° *Œuvres de Louis XIV; — Mémoires de Louis XIV pour l'instruction du Dauphin.* — Dans la très-exacte édition qu'il a donnée de ces *Mémoires* (Paris, 1860, 2 vol. in-8). M. Dreyss a parfaitement établi qu'en les faisant rédiger beaucoup plus qu'il ne les rédigea lui-même, Louis XIV n'avait eu d'abord en vue que sa propre gloire et nullement l'éducation de son fils. « Un mémoire de Colbert sur les finances destiné à glorifier les réformes du début du règne depuis 1660 jusqu'en 1664, est, dit M. Dreyss (p. cxcvi de l'*Introduction*), le premier germe de cette vaste composition. M. de Périgny, lecteur du roi et chargé de donner en jouant les premières connaissances au petit prince dont il fut depuis le précepteur, décida Louis XIV à consacrer à l'éducation de son fils des matériaux d'histoire, réunis d'abord en vue de sa gloire personnelle. L'intention, une fois admise par le roi, fructifia de 1666 à 1671 ; » et pour rendre l'enseignement plus complet, on reprit la rédaction des *Mémoires* à partir de l'année 1661. Mais « depuis 1672, ce n'est plus pour le Dauphin que Louis XIV écrit, c'est son histoire qu'il prépare de sa main. Un seul fragment connu sous ce titre qu'un éditeur du dix-huitième siècle lui a donné : *Réflexions sur le métier de roi* peut être rapporté à

un plan d'instruction morale. » — Quoi qu'il en soit,
il est certain que le Dauphin eut sous les yeux une
partie des *Mémoires*, et dans l'entourage du prince
non plus que dans le public, personne n'ignora
quelle part Louis XIV semblait prendre à l'éducation de son fils. « Je vous conjure, Sire, au nom de
Dieu, écrivait Montausier au roi, et je vous demande de la part de M. le Dauphin, que vous ayez
la bonté de continuer les excellents *Mémoires*, que
votre passion ardente pour rendre ce prince digne
de vous, vous a fait entreprendre. » Et Pellisson,
un des rédacteurs des *Mémoires*, célébrant en pleine
Académie (1671) le zèle de Louis XIV pour l'éducation du Dauphin : « Sa Majesté y pense, dit-il,
jusqu'à mettre par écrit pour ce cher fils, et de sa
main, les secrets de la royauté, et les leçons éternelles de ce qu'il faut éviter ou suivre. » L'Académie elle-même, cinq ans après, proposait pour
sujet d'un prix de poésie : « *l'Éducation de Monseigneur, et le soin que Sa Majesté prend elle-même
d'écrire ses Mémoires.* » Cf. M. Floquet, *Bossuet
précepteur du Dauphin*, p. 149.

Et maintenant, Bossuet qui ne mentionne jamais,
non pas même dans sa correspondance, ni *le Monarque*, ni *les Maximes*, ni *les Mémoires*, Bossuet

a-t-il connu ces trois ouvrages? Bossuet dans sa *Politique* les a-t-il mis à profit?

Bossuet lisait peu de livres français. Cependant ses excellentes relations avec l'Oratoire ne permettent guère de supposer qu'il ait ignoré la composition du P. Senault. Quant aux *Maximes* de Montausier et aux *Mémoires* de Louis XIV, tout ce qui précède prouve surabondamment qu'il a dû être un des premiers à les connaître.

Mais qu'avait à faire Bossuet de ces écrits? Et combien n'était-il pas supérieur par le génie littéraire et au P. Senault, et au duc de Montausier et au Grand Roi! Il n'y a donc point à chercher chez Bossuet des traces d'imitation.

Il n'en reste pas moins très-opportun de rapprocher de *la Politique*, *le Monarque*, *les Maximes*, *les Mémoires*. Car on voit ainsi combien en France les idées étaient généralement uniformes au dix-septième siècle en matière de gouvernement; ou encore combien, à cette époque, les plus fermes esprits se trouvaient, pour parler de la sorte, marqués à l'empreinte de l'esprit du roi.

IV

La première question que se sont posée la plupart des publicistes est celle de l'origine des sociétés. Question oiseuse en apparence.

Car la société n'est-elle pas un fait permanent, universel, et ce que l'on s'est plu parfois à appeler l'état sauvage, qu'est-ce autre chose qu'une équivoque ou un néant? Mais si cette question, prise en elle-même, est assez vaine, elle tire son intérêt des questions mêmes qui s'y rattachent. Au problème de l'origine des sociétés se lie notamment d'une manière étroite, en même temps que le problème de l'unité des races, le problème de l'origine du pouvoir.

Bossuet n'a point hésité à reconnaître dans la société humaine un fait primitif, irréductible, qui résulte de la nature de tout l'homme. « Le caractère d'amitié est parfait dans le genre humain, et les hommes, qui n'ont tous qu'un même père, doivent s'aimer comme frères (1). On se console, on s'assiste, on se

(1) Bossuet, *Œuvres complètes*, t. XXV, p. 169. — *Politique*, liv. I, 3ᵉ prop.

fortifie l'un l'autre. Dieu, voulant établir la société, veut que chacun y trouve son bien, et y demeure attaché par cet intérêt. C'est pourquoi il a donné aux hommes divers talents. L'un est propre à une chose, et l'autre à une autre, afin qu'ils puissent s'entre-secourir comme les membres du corps, et que l'union soit cimentée par ce besoin mutuel (1). Nous voyons donc la société humaine appuyée sur ces fondements inébranlables : un même Dieu, un même objet, une même fin, une origine commune, un même sang, un même intérêt, un besoin mutuel, tant pour les affaires que pour la douceur de la vie (2). »

D'ailleurs, qu'on ne l'oublie point, toutes les sociétés se réduisent en une, et la diversité des États, non plus que la distinction des biens des particuliers n'est, en aucun cas,

(1) Bossuet, *Œuvres complètes*, t. XXV, p. 171. — *Politique*, liv. II, 6ᵉ prop.

(2) *Id.*, *ibid.*, p. 172. — *Politique*, liv. I, 6ᵉ prop.

une négation ou une contradiction de la société universelle du genre humain. « Il ne
faut pas penser que les bornes qui séparent les
terres des particuliers et les États soient faites
pour mettre la division dans le genre humain,
mais pour faire seulement qu'on n'attente rien
les uns sur les autres, et que chacun respecte
le repos d'autrui (1). »

Ainsi, créés par un même Dieu, issus d'un
même père (2), destinés à une même fin,
les hommes sont unis entre eux par des
liens indissolubles. La société est d'origine
divine.

Cette noble et irréfragable doctrine que

(1) Bossuet, *Œuvres complètes*, t. XXV, p. 188.
— *Politique*, liv. I, art. 5, prop. uniq.
(2) *Id.*, *ibid.*, p. 190. — *Politique*, liv. I, art. 1,
3ᵉ prop.
« Dieu dit : « Faisons l'homme à notre image et
« ressemblance. » Dieu parle de l'homme en nombre
singulier, et marque distinctement qu'il n'en veut
faire qu'un seul, d'où naissent tous les autres. »

l'antiquité avait fini par soupçonner, et qu'articulaient déjà les Stoïciens, devait obtenir de l'avénement du Christianisme sa
suprême consécration. Mais tandis que le Stoïcisme semblait ne s'être élevé à l'idée d'humanité qu'en affaiblissant l'idée de patrie,
le Christianisme retient, fortifie, avive même
l'idée de patrie, tout en renversant les barrières qui séparaient les hommes comme en
deux camps opposés.

Interprète exact autant qu'éloquent de la
foi chrétienne, Bossuet ne pouvait en négliger les préceptes les plus explicites. Il enseigne donc que « si l'on est obligé d'aimer
tous les hommes, et qu'à vrai dire, il n'y ait
point d'étranger pour le chrétien, à plus
forte raison doit-il aimer ses concitoyens. »
En conséquence, « tout l'amour qu'on a pour
soi-même, pour sa famille et pour ses amis
se réunit dans l'amour qu'on a pour sa patrie, où notre bonheur et celui de nos

familles et de nos amis est renfermé (1). »

Quelque union, effectivement, que la nature ait établie entre les hommes, il ne se pouvait pas que la multiplication du genre humain n'engendrât point une division, et d'une société unique devait nécessairement sortir la diversité des sociétés. « Voilà donc le genre humain divisé par langues et par contrées ; et de là il est arrivé qu'habiter un même pays, avoir une même langue a été un motif aux hommes de s'unir plus étroitement ensemble (2). » Cette division même a créé, avec l'idée de la patrie, l'amour de la patrie. « Ainsi, la société humaine demande qu'on aime la terre où l'on habite ensemble ; on la regarde comme une mère et une nourrice commune ; on s'y attache, et cela unit. C'est

(1) Bossuet, *Œuvres complètes*, t. XXV, p. 190. — *Politique*, liv. I, art. 6. 1re prop.

(2) *Id.*, *ibid.*, p. 174. — *Politique*, liv. I, 2e prop.

ce que les Latins appellent *caritas patrii soli*, l'amour de la patrie, et ils la regardent comme un lien entre les hommes. Les hommes, en effet, se sentent liés par quelque chose de fort, lorsqu'ils songent que la même terre qui les a portés et nourris étant vivants les recevra en son sein quand ils seront morts (1). »

Cependant, dans les sociétés entendues de la sorte, il faut un pouvoir public, et un gouvernement réglé est nécessaire à leur existence.

« Dans un gouvernement réglé, les veuves, les orphelins, les pupilles, les enfants même dans le berceau sont forts. Il n'y a point, au contraire, de pire état que l'anarchie, c'est-à-dire l'état où il n'y a point de gouvernement ni d'autorité. Où tout le monde veut faire ce qu'il veut, nul ne fait ce qu'il veut;

(1) Bossuet, *Œuvres complètes*, p. 175. — *Politique*, liv. I, 3ᵉ prop.

où il n'y a point de maître, tout le monde est maître; où tout le monde est maître, tout le monde est esclave (1). » Et encore : « La justice n'a de soutien que l'autorité et la subordination des puissances. Cet ordre est le frein de la licence. Quand chacun fait ce qu'il veut et n'a pour règle que ses désirs, tout va en confusion (2). »

On ne saurait, à coup sûr, parler un plus mâle et plus saisissant langage. Or, quelle sera, d'après l'évêque de Meaux, l'origine de cette puissance tutélaire, qui s'appelle un gouvernement?

Il le faut reconnaître. Sur ce point capital, d'où dépend en politique tout le reste, Bossuet a beaucoup varié, et on sent qu'une pareille question le met mal à l'aise. Si donc il se décide à l'examiner, ce n'est point qu'il y

(1) Bossuet, *Œuvres complètes*, p. 180. — *Politique*, liv. i, 5ᵉ prop.

(2) *Id.*, *ibid.*, p. 178. — *Politique*, liv. i, 2ᵉ prop.

cherche une solution désintéressée. Loin de
là. Sans qu'il s'en aperçoive, ses efforts consistent uniquement à justifier une solution
préconçue. L'esprit tout occupé par la doctrine de l'absolutisme, il tournoie en quelque façon autour du vrai; de faits incontes-
tables tire des conclusions excessives; aux
erreurs qu'il combat substitue des préjugés, et
finit par se reposer dans le vague, alors même
qu'il croit avoir bâti sur le roc immobile.

Bossuet remarque d'abord que la première
idée de commandement et d'autorité humaine
est venue aux hommes de l'autorité paternelle (1). Et assurément, cette observation
est pleine de justesse. Entre l'autorité paternelle et l'autorité d'un gouvernement, de
même qu'entre la famille et la patrie, s'offre
à l'esprit une naturelle et comme inévitable

____

(1) Bossuet, *Œuvres complètes*, t. XXV, p. 201.
—*Politique*, liv. II, art. 1, 3e prop.

analogie. Mais ce n'est là toutefois qu'une analogie, que l'on aurait grandement tort de vouloir trop presser. Que l'on identifie, en effet, l'autorité paternelle et l'autorité d'un gouvernement, et les peuples resteront perpétuellement à l'état de mineurs.

« Dans une longue enfance *on les fera* vieillir. »

Aussi bien, cette théorie, si sensée et si bénigne en apparence et pourtant si inhumaine, mais sur les inconvénients de laquelle Bossuet devait être enclin à fermer les yeux, cette théorie ne résout pas la question qu'il s'est posée. Accordons que « les rois sont des pères ; ce qui fait la dénomination des enfants, dont la différence d'avec les esclaves, est qu'ils naissent libres et ingénus (1). » Mais tandis que l'autorité paternelle résulte évidemment de la

(1) Bossuet, *Œuvres complètes*, t. XXV, p. 407. — *Politique*, liv. VIII, art. 2, 2ᵉ prop.

filiation, il s'agit toujours de savoir, en écartant les métaphores, d'où procède l'autorité du gouvernement.

Bossuet semble au fond décidé à dériver de l'intérêt l'origine du gouvernement, et d'un fait le principe du droit.

Ce fait est le fait indestructible des passions humaines; cet intérêt est l'intérêt même qu'il y a à les contenir ou à les réprimer.

Effectivement, Bossuet, qui tout à l'heure excellait à nous découvrir dans la considération de notre nature la raison de notre sociabilité, et dans les plus intimes sentiments du cœur les racines de l'amour de la patrie, Bossuet n'hésite point à déclarer l'homme insociable; tant est grande, suivant lui, la violence de nos passions! « Tant de passions insensées, et tant d'intérêts divers qui en naissent, font qu'il n'y a point de foi ni de sûreté parmi les hommes. De là vient que les cruautés sont si fréquentes dans le genre humain. Il n'y a rien de plus brutal et de plus sanguinaire que l'homme. Ainsi la société humaine, établie par tant de liens sacrés, est violée par les passions, et comme dit saint Augustin, il n'y a rien de plus sociable que l'homme par sa nature, ni rien de plus intraitable ou de plus insociable par la corruption (1). »

Il est impossible de le nier. Tel est le double aspect que présente la nature humaine. Tantôt l'homme paraît n'avoir rien de plus cher que l'homme ; tantôt l'homme traite l'homme en irréconciliable ennemi. Néanmoins, cette contradiction ne serait-elle pas, en définitive, plus apparente que réelle ? Toutes les passions de l'homme, même les plus détestables, ne le portent-elles pas à vivre en société ? Si elles le précipitent à tous les excès, ne produisent-elles pas aussi tous les dé-

(1) Bossuet, *Œuvres complètes*, t. XXV, p. 173. — *Politique*, liv. I, art. 2, 1re prop.

vouements? D'un autre côté, quelque tumul-
tueuses qu'elles soient, est-il indispensable de
les abolir, afin de sauver le droit qu'elles
compromettent par leur turbulence ; et, afin de
les abolir, d'anéantir ou de risquer d'anéantir
le droit? Certainement, le remède serait pire
que le mal. Ne suffirait-il donc pas, comme
Bossuet lui-même le professe autre part judicieusement, de travailler à ramener les passions aux termes de la raison (1)? En politique, l'évêque de Meaux estime impossible
cette discipline des passions par l'intelligence,
et, pour les assagir ou les dompter, ne reconnaît d'autre moyen que la force. Cette nécessité de nous garantir nous-mêmes contre nos
propres emportements, voilà, à son sens,
l'origine de tout gouvernement humain. Ce
n'est pas assez « que les hommes habitent la

(1) Bossuet, *Œuvres complètes*, t. XXII, p. 168.
— *De la Connaissance de Dieu et de soi-même*,
ch. III, XIX.

même contrée ou parlent un même langage; étant devenus intraitables par la violence de leurs passions, et incompatibles par les humeurs différentes, ils ne pouvaient être unis à moins que de se soumettre tous ensemble à un même gouvernement qui les réglât tous (1).» Bossuet pose donc nettement deux choses : la première, c'est que l'état de nature est parmi les hommes un état de guerre; la seconde, c'est que l'institution de tout gouvernement a pour objet le rétablissement de la paix et son maintien. De l'utilité des gouvernements résulte leur légitimité. Et Bossuet pousse cette assertion si loin qu'il se résout à constater que « pour le bien de la paix, et pour la stabilité des choses humaines, les royaumes fondés d'abord sur la rébellion, dans la suite sont regardés comme devenus lé-

____

(1) Bossuet, *Œuvres complètes*, t. XXV, p. 177. — *Politique*, liv. i, art. 3, 1ʳᵉ prop.

gitimes, ou par la longue possession, ou par les traités et la reconnaissance des rois précédents (1). »

Conséquemment, l'intérêt, non le droit; l'intérêt, de soi si mobile, voilà, d'après l'évêque de Meaux, la seule assiette des gouvernements.

Mais ce n'est pas l'unique conséquence fâcheuse qu'entraîne après soi la politique de Bossuet.

« Un peuple, écrit-il, qui a éprouvé les maux, les confusions, les horreurs de l'anarchie, donne tout pour les éviter (2). » Or, quel est le peuple qui, à un certain moment, dans une certaine mesure, n'ait pas éprouvé les horreurs de l'anarchie? Ou plutôt, Bossuet ne prétend-il pas que l'anarchie est la con-

(1) Bossuet, *Œuvres complètes*, t. XXV, p. 452. — *Politique*, liv. ix, art. 3, 6ᵉ prop.

(2) *Id., ibid.*, t. XIV, p. 323. *Cinquième Avertissement, etc.* LV.

dition naturelle des hommes, avant qu'un gouvernement intervienne qui les protége contre leurs propres fureurs?

Il suit de là que ce n'est pas simplement une partie de son droit qu'il faudra qu'un peuple abandonne, afin de s'assurer l'exercice et le fond même de son droit. Entendons-le bien, et Bossuet le répète avec insistance, un peuple donne tout, un peuple abandonne tout. « Le magistrat souverain a en sa main toutes les forces de la nation qui se soumet à lui obéir. Toute la force est transportée au magistrat souverain; chacun l'affermit au préjudice de la sienne et renonce à sa propre vie en cas qu'il désobéisse. On y gagne; car on retrouve, en la personne de ce magistrat suprême, plus de force qu'on n'en a quitté pour l'autoriser, puisqu'on y retrouve toute la force de la nation réunie ensemble pour nous secourir. Ainsi un particulier est en repos contre l'oppression et la violence, parce qu'il a en la personne du prince un défenseur invincible, et plus fort sans comparaison que tous ceux du peuple qui entreprendraient de l'opprimer... En voulant tout donner à la force, chacun se trouve faible dans ses prétentions les plus légitimes, par la multitude des concurrents contre lesquels il faut être prêt. Mais sous un pouvoir légitime chacun se trouve fort, en mettant toute la force dans le magistrat, qui a intérêt de tenir tout en paix pour être lui-même en sûreté (1). » Admirable raisonnement de fait ! Toutefois un peuple sera-t-il obligé de remettre à la discrétion d'un gouvernement ses droits les plus chers, ses propriétés, sa li-

(1) Bossuet, *Œuvres complètes*, t. XXV, p. 180. — *Politique*, liv. 1, art. 3, 5ᵉ prop. « Le magistrat souverain a intérêt de garantir de la force tous les particuliers, parce que si une autre force que la sienne prévaut parmi le peuple, son autorité et sa vie est en péril. »

berté, sa conscience? Bossuet ne craint pas de
l'affirmer. Il y a plus; au lieu de voir uniquement dans le gouvernement la protection or-
ganisée de ces droits, par un renversement
inexplicable, c'est du gouvernement, comme
de leur source immédiate, qu'il dérive ces
droits.

De cette manière, Bossuet reconnaît sans
doute que la propriété doit être légitime et
inviolable. Car « c'est le seul moyen de faire
cultiver, l'expérience faisant voir que ce qui
est non-seulement en commun, mais encore
sans propriété légitime et incommutable, est
négligé et à l'abandon (1). » Et pour marquer qu'il n'est pas permis de violer cet ordre,
Bossuet développe la tragique histoire de
Naboth (2). Toutefois, veut-on savoir quel
fondement il assigne à la propriété? Il n'en

(1) Bossuet, *Œuvres complètes*, t. XXV, p. 408.
— *Politique*, liv. VIII, art. 2, 3ᵉ prop.
(2) *Id.*, *ibid.*, art. 2, 4ᵉ prop.

admet pas d'autre que l'autorité publique.
« Otez le gouvernement, la terre et tous ses
biens sont aussi communs entre les hommes
que l'air et la lumière... Selon le droit primitif de la nature, nul n'a de droit particulier
sur quoi que ce soit, et tout est en proie à
tous. Dans un gouvernement réglé, nul particulier n'a le droit de rien occuper... Du partage fait par l'autorité du souverain magistrat
est né le droit de propriété, et en général
tout droit doit venir de l'autorité publique,
sans qu'il soit permis de rien envahir, ni de
rien attenter par la force (1). »

Considéré à ce point de vue, c'est un droit
positif et nullement un droit naturel que le
droit de propriété. Le gouvernement ou le
prince fait ce droit, et par là se trouve seul
vraiment propriétaire. Toute autre propriété

(1) Bossuet, *Œuvres complètes*, t. XXV, p. 179.
— *Politique*, liv. ɪ, art. 3, 4ᵉ prop.

que la sienne n'est qu'une délégation ou un usufruit. Le droit de propriété qu'exerce le prince embrasse même à la fois, il faut qu'on le sache, et les choses et les personnes. En effet, Bossuet qui ose bien avancer que le droit de servitude est véritable, parce que c'est le droit du vainqueur sur le vaincu, ajoutant que dès lors condamner cet état, « ce serait non-seulement condamner le droit des gens, où la servitude est admise, mais condamner le Saint-Esprit; » Bossuet soutient que « comme tout un peuple peut être vaincu, jusqu'à être obligé de se rendre à discrétion, tout un peuple peut être serf; en sorte que son seigneur en puisse disposer comme de son bien, jusqu'à le donner à un autre sans demander son consentement (1). »

(1) Bossuet, *Œuvres complètes*, t. XIV, p. 317. *Cinquième Avertissement, etc.*, LI.

Odieuse doctrine, dont les applications, quand elles se produisent, déshonorent l'histoire! Théorie subversive, qui tend à abolir le droit, sous prétexte d'assurer le droit! Déraisonnables maximes, qui, pour avoir paru sur les lèvres de l'évêque de Meaux, témoignent assez quelles ténèbres peuvent amasser les mœurs d'un siècle, des habitudes et une érudition de théologie transportées hors de la théologie!

Voilà donc le prince investi d'un absolu pouvoir sur les personnes de ses sujets de même que sur leurs biens. Les sujets, du moins, resteront-ils maîtres d'eux-mêmes dans leur for intérieur et pourront-ils jouir sans entrave de cette liberté, qui est le principe de toutes les autres libertés et qu'on appelle la liberté de conscience? Nullement; car cette liberté est aussi le principe de tout désordre. Bossuet enseigne que le prince ne souffre pas les impies, les blasphémateurs, les jureurs, les parjures, ni les devins (1). Il taxe d'erronée la doctrine qui porte que le prince ne peut rien sur les consciences, et pense qu'il est du droit comme du devoir des gouvernements de contraindre les sujets errants par des lois pénales (2).

(1) Bossuet, *Œuvres complètes*, t. XXV, p. 381. — *Politique*, liv. VII, art. 5, 15e prop. — Cf. *Mémoires de Louis XIV*, t. II, p. 421. « Je rétablis par une nouvelle ordonnance la rigueur des anciens édits contre les jurements, dont je fis bientôt quelques exemples. »

(2) Bossuet, *Œuvres complètes*, t. XXVI, p. 377. — *Lettre à M. de Basville*, 1700. « Je déclare que je suis et que j'ai toujours été du sentiment, premièrement, que les princes peuvent contraindre par des lois pénales tous les hérétiques à se conformer à la profession et aux pratiques de l'Église catholique; deuxièmement, que cette pratique doit passer pour constante dans l'Église, qui non-seulement a suivi, mais encore demandé de semblables ordonnances des princes... Assurément je pousse au plus loin la doctrine des contraintes, sauf à se

C'est de la sorte que peu à peu, mais de toutes pièces, Bossuet ramène l'État à cette unité, dont il avait sous les yeux un si remarquable échantillon. Il ne soupçonne pas combien cette unité est factice; il ne voit point qu'elle étouffe la variété, c'est-à-dire la vie publique; il ne paraît pas se douter des misères, des iniquités, des larmes qui la cimentent. L'unité à tout prix, l'unité qui fasse que tout l'État ne soit qu'un seul homme, tel est pour lui, le parfait idéal. « Tout Israël sortit comme un seul homme. Ils étaient quarante mille hommes, et toute cette multitude était comme un seul. Voilà quelle est l'unité d'un peuple, lorsque chacun renonçant à sa volonté la transporte et la réunit à celle du prince et du magistrat. Autrement, nulle union; les

régler dans l'exécution par des tempéraments de prudence. » Cf. *id., ibid.*, t. XIV, p. 343, *Défense de l'Histoire des Variations*, 4.

peuples errent vagabonds comme un troupeau dispersé (1). »

Par conséquent, tout à l'heure, c'était aux rapports des enfants avec leur père que Bossuet assimilait les relations des gouvernés et du gouvernement ; maintenant, et dans un langage biblique, c'est aux rapports d'un pasteur et de son troupeau.

Image décevante et grossière, lorsqu'on la transporte du domaine de l'apologue au domaine de la réalité : mais image familière que suggérait aux contemporains de Louis XIV le spectacle de leur époque, plus encore peut-être que de classiques souvenirs.

« Quand vous voyez quelquefois, écrivait à son tour La Bruyère, un nombreux troupeau qui, répandu sur une colline vers le déclin d'un beau jour, paît tranquillement le

______

(1) Bossuet, *Œuvres complètes.*, XXV, p. 178. — *Politique*, liv. I, art. 3, 3e prop.

thym et le serpolet... Le berger soigneux et attentif est debout auprès de ses brebis; il ne les perd pas de vue; il les suit; il les conduit; il les change de pâturages; si elles se dispersent, il les rassemble; si un loup avide paraît, il lâche son chien, qui le met en fuite; il les nourrit, il les défend; l'aurore le trouve déjà en pleine campagne, d'où il ne se retire qu'avec le soleil. Quels soins! Quelle vigilance! Quelle servitude! Quelle condition vous paraît la plus délicieuse et la plus libre, ou du berger ou des brebis? Le troupeau est-il fait pour le berger ou le berger pour le troupeau! Image naïve des peuples et du prince qui les gouverne, s'il est bon prince (1). »

Qu'on ne s'y trompe pas, ce ne sont point là, chez Bossuet, non plus que chez La Bruyère, de pures allégories. Ni l'un ni

____

(1) *Les Caractères, du Souverain ou de la République.*

l'autre ne parlait en poëte. La Bruyère est un observateur, Bossuet un homme d'action. A la lettre, Bossuet fait d'un peuple un mineur à perpétuité, ou, ce qui est pis, quoiqu'il parle en évêque, un troupeau.

Effectivement, sans se rappeler qu'il a accordé que l'insurrection pouvait fonder un gouvernement légitime, Bossuet exige des gouvernés une passive obéissance (1), et condamne avec énergie toute espèce d'insurrection. Et qu'on n'objecte pas, au nom de l'orthodoxie, « qu'il n'y a point de véritable et légitime autorité hors de la vraie religion

(1) Bossuet, *Œuvres complètes*, t. XXV, p. 322. — *Politique*, liv. VI, art. 11, 1re prop. « Si le prince n'est pas ponctuellement obéi, l'ordre public est renversé et il n'y a plus d'unité; par conséquent plus de concours ni de paix dans un État... Dieu a fait les rois et les princes ses lieutenants sur la terre, afin de rendre leur autorité sacrée et inviolable. »

et de la vraie Église. » Bossuet répond aux docteurs abusés qui tiendraient un tel langage que « ceci est contraire à tous les passages où l'on voit que le gouvernement des empires, même idolâtres, était saint, inviolable, ordonné de Dieu et obligatoire en conscience (1). »

A coup sûr, rien n'est plus hasardeux, rien n'est plus terrible que l'exercice du droit d'insurrection. C'est pourquoi non–seulement il n'est pas supportable que les particuliers entreprennent de se faire justice à eux-mêmes dans un État où cette justice est exercée par un pouvoir public. Mais encore quelles précautions infinies ne faut-il point employer pour revendiquer la justice, lorsqu'ils la dénient, contre ceux-là mêmes qui ont mission de la représenter ! « Si tout particulier injustement

(1) Bossuet, *Œuvres complètes*, t. XXV, p. 341. — *Politique*, liv. VII, art. 11, 3ᵉ prop.

attaqué dans sa vie par la puissance publique a droit de prendre les armes, que deviendront les États, si ce n'est une boucherie et un théâtre perpétuel et toujours sanglant de guerres civiles? Car, comme l'opinion fait le même effet dans l'esprit des hommes que la vérité, toutes les fois qu'une partie du peuple s'imaginera qu'elle a raison contre la puissance publique, et que la punir de sa rébellion, c'est s'attaquer injustement à sa vie, elle se croira en droit de prendre les armes et soutiendra que le droit de se conserver ne peut lui être ravi (1). »

Cependant n'y a-t-il pas de droit d'insurrection, et toute insurrection est-elle rébellion? Pour déraciner ce principe de rébellion, « qui est caché dans le cœur des peuples, est-il nécessaire d'en ôter jusque dans le fond,

(1) Bossuet, *Œuvres complètes*, t. XIV, p. 282. *Cinquième Avertissement, etc.* XXXI.

du moins aux particuliers, en quelque nombre qu'ils soient, toute opinion qu'il puisse leur rester de force, ni autre chose que les prières et la patience contre la puissance publique (1)? » En présence de la violation la plus flagrante du droit, est-il vrai « que la loi éternelle crie qu'on renverse l'ordre du monde, lorsque les sujets entreprennent de se faire justice à eux-mêmes contre les plus criminels (2)? » Lorsque la justice se trouve indignement méconnue, ne reste-t-il qu'à courber la tête, à attendre des temps moins durs, à espérer en la Providence pour corriger la malice des princes? « Les païens mêmes, conclut Bossuet, par leur simple raison naturelle, ont bien vu qu'il fallait souffrir les violences des mauvais princes, en

(1) Bossuet, *Œuvres complètes*, t. XIV, p. 286. *Cinquième Avertissement, etc.*, XXXII.

(2) *Id., ibid.*, p. 379, *Défense de l'Histoire des Variations.*

souhaiter de meilleurs, les supporter, quels
qu'ils fussent, espérer un temps plus serein
pendant l'orage, et comprendre que la Providence, qui ne veut pas la ruine du genre
humain ni de la nature, ne tient pas éternellement le peuple opprimé par un mauvais
gouvernement, comme elle ne bat pas l'univers d'une continuelle tempête (1). »

(1) Bossuet, *Œuvres complètes*, p. 283. *Cinquième Avertissement, etc.*, XXXI.

Cf. *Mémoires de Louis XIV*, t. II, p. 285. « Il
faut assurément demeurer d'accord que, quelque
mauvais que puisse être un prince, la révolte de
ses sujets est infiniment criminelle. Celui qui a
donné des rois aux hommes a voulu qu'on les res-
pectât comme ses lieutenants, se réservant à lui
seul d'examiner leur conduite. Sa volonté est que
quiconque est né sujet obéisse sans discernement;
et cette loi, si expresse et si universelle, n'est pas
faite en faveur des princes seuls, mais est salutaire
aux peuples mêmes auxquels elle est imposée, et
qui ne la peuvent jamais violer sans s'exposer à des
maux beaucoup plus terribles que ceux dont ils

Il est permis de décliner ces conclusions comme insuffisantes. Alors même, en effet, que cette résignation serait momentanément le parti le plus sûr, serait-elle le parti le meilleur? La paix de la servitude est-elle préférable aux périls de la liberté? Un païen, puisque Bossuet invoque les païens (1), un

prétendent se garantir. Il n'est pas de maxime plus établie par le Christianisme que cette humble soumission des sujets envers ceux qui leur sont préposés. »

(1) Cf. Claude Joly, *Recueil, etc.* p. 65. « Cette maxime d'incompatibilité de la religion et de la politique est très-fausse, et elle ne peut être véritable que pour ceux qui veulent gouverner tyranniquement. — Les païens ne songeaient nullement aux règles et aux préceptes que Jésus-Christ devait nous enseigner et nous prescrire; et toutefois je n'estime pas qu'on puisse rencontrer dans pas un livre des plus célèbres auteurs d'entre eux, qui ont écrit du gouvernement des États, aucune maxime politique qui soit contraire aux lois du Christianisme. »

païen illustre, Tacite, ne le pensait pas, et non plus que lui nous ne croyons point que l'intérêt puisse rendre tolérable la ruine ou la violation du droit, ni même se séparer du droit un seul instant.

Bossuet ne reconnaît qu'une exception à l'obéissance qu'on doit au prince, c'est quand il commande contre Dieu (1). Comme si la teneur même de la doctrine qu'expose l'évêque de Meaux relativement à l'autorité royale ne rendait pas cette exception parfaitement frustratoire! En effet, Bossuet établit d'une manière expresse que le prince est exécuteur de la loi de Dieu, que ses lois soutiennent celles de Dieu (2). Cela posé, que Bossuet nous apprenne où, comment, quand la loi du prince pourra-t-elle être un

(1) Bossuet, *Œuvres complètes*, t. XXV, p. 324. — *Politique*, liv. VI; art. 11, 2ᵉ prop.

(2) *Id., ibid.*, p. 356. — *Politique*, liv. VII, art. 3, 13ᵉ prop.

commandement contre Dieu? Sera-ce jamais
dans le temporel? Manifestement non. Dans
le temporel, la puissance des princes est absolue et n'a point à compter avec les hommes.
« Le sacerdoce dans le spirituel, et l'empire
dans le temporel ne relèvent que de Dieu.
Mais l'ordre ecclésiastique reconnaît l'empire
dans le temporel, comme les rois, dans le
spirituel, se reconnaissent humbles enfants
de l'Église. Tout l'état du monde roule sur
ces deux puissances (1). » Chose remarquable! Bossuet se dégage nettement ainsi
de la théorie scolastique qui assujettissait
les couronnes à la tiare. C'est donc dans le
spirituel uniquement qu'on ne doit plus obéissance au prince, s'il commande contre Dieu.
On avouera que le cas est rare, et l'histoire
nous apprend que, lorsqu'il s'est produit, le

(1) Bossuet, *Œuvres complètes*, p. 379. — *Politique*, liv. VII, art. 5, 12ᵉ prop.

mépris des lois civiles, que pourtant on livre
à l'arbitraire du prince, a toujours préparé,
a seul rendu possibles les entreprises du
prince contre les lois religieuses qu'on voudrait mettre au-dessus de lui. Du reste, Bossuet ne stipule pas même de la sorte pour la
liberté de conscience. Car le spirituel, tel
qu'il l'entend, n'est autre chose que le spirituel tel que l'entend l'Église catholique.

Ce n'est pas que le pieux évêque n'éprouve
de secrets et insurmontables retours vers la
vérité. De là, chez lui, des embarras inex-
tricables et d'étonnantes confusions. Ainsi, il
a nié le droit d'insurrection ; par contre, il
croit faire assez que de nier le droit d'oppression. « On se tourmente en vain à prou-
ver que le prince n'a pas le droit d'opprimer
les peuples ni la religion. Car qui a jamais
imaginé qu'un tel droit pût se trouver parmi
les hommes, ni qu'il y eût un droit de renverser le droit même, c'est-à-dire une raison

pour agir contre la raison, puisque le droit
n'est autre chose que la raison même, et la
raison la plus certaine, puisque c'est la raison reconnue par le consentement des hommes (1)? » Mais qui, effectivement, repren-
drons-nous avec Bossuet, imagina jamais
qu'il pût se trouver parmi les hommes un
droit d'opprimer les peuples ni la religion?
Il s'agit d'un fait, du fait de l'oppression, du
fait du renversement du droit. Et certes,
un tel fait n'est pas chimérique; il s'est vu,
et se verra parce qu'il s'est vu. Lors donc
que ce fait a lieu, quand l'oppression est manifeste, lorsque le droit est renversé, n'est-
ce pas un droit et un devoir tout ensemble
que de relever le droit, et n'est-ce pas là précisément ce qui s'appelle le droit d'insurrection (2)? D'où qu'elle vienne, par quelques

(1) Bossuet, *Œuvres complètes*, t. XIV, p. 386.
Cinquième Avertissement, etc., XXXIII.
(2) On ne sera pas fâché, sans doute, de connaître

mains et sous quelque prétexte qu'elle s'accomplisse, l'abolition du droit n'est jamais gouvernement, mais toujours anarchie.

quel était, sur cette délicate question du droit d'insurrection, le sentiment de Leibniz, un des contradicteurs les plus illustres de Bossuet. Métaphysicien et logicien, mais en même temps jurisconsulte, politique, diplomate, théologien, et surtout courtisan très-précautionné, ce n'est point sans une certaine hésitation; c'est du moins avec des tempéraments infinis, et des tempéraments fort sages, que le philosophe de Hanovre se prononce pour l'affirmative. Toutefois, si, par la pensée, il écarte, autant qu'il est en lui, le fait, il admet, en principe, le droit d'insurrection. « Quant à ce que vous touchez encore, Monsieur, écrit-il en 1695 au baron de Boinebourg, de cette grande question de la puissance des souverains et de l'obéissance qui leur est due par les peuples, j'ai coutume de dire qu'il serait bon que les princes fussent persuadés que les peuples ont droit de leur résister, et qu'au contraire les peuples fussent persuadés de l'obéissance passive. Cependant je suis assez du sentiment de Grotius, et je crois que régulièrement on doit obéir,

Néanmoins la peur de la seule anarchie populaire l'emporte chez Bossuet sur l'évidence. Contre le fait de l'oppression par le prince, s'il faut décidément indiquer un remède ; à sa puissance absolue s'il faut assigner des bornes autres que sa raison et son équité, Bossuet ne connaît pas de remède plus assuré, de borne plus infranchissable que l'intérêt. Le prince voudrait-il régner sur des ruines? Voudrait-il demeurer roi des arbres et des maisons sans habitants (1)? A mésuser de son

le mal de la révolte étant incomparablement plus grand que ce qui en donne sujet. *J'avoue pourtant que le prince peut aller à un tel excès et mettre le salut de la république en un tel danger, que l'obligation de souffrir cesse.* Mais ce cas est bien rare, et le théologien, qui autorise des entreprises sous ce prétexte, doit bien prendre garde qu'il n'excède, l'excès y étant infiniment plus dangereux que le défaut. » Feder, *Commercii epistolici Leibnitiani selecta Specimina ;* Hannoveræ, 1805, in-8, p. 402.

(1) Bossuet, *Œuvres complètes*, t. XIV, p. 282. *Cinquième Avertissement, etc.*, XXXI.

pouvoir, le prince ne se nuirait-il pas à lui-
même (1)? En un mot, les souverains n'ont
pas un pouvoir .sans bornes. « Car sans parler des bornes de la raison et de l'équité, si
les hommes n'y sont pas assez sensibles, il
y a les bornes du propre intérêt, qu'on ne
manque jamais de voir et qu'on ne méprise
jamais quand on les voit (2). » Et Bossuet
oublie que rien, au contraire, n'est plus obs-
cur que l'intérêt, lorsque le droit ou le devoir
ne l'éclaire pas. Ce grand connaisseur des
passions humaines, ce spectateur souvent ému
des misères brillantes de Versailles, semble
ne plus savoir que notre nature est assez
faible pour préférer à un solide intérêt de
frivoles ou même de honteux plaisirs; à un
intérêt puissant, mais éloigné, un intérêt mes-

(1) Bossuet, *Œuvres complètes*, t. XXV, p. 180.
— *Politique*, liv. I, art. 3, 5e prop.
(2) *Id.*, *ibid.*, t. XIV, p. 323. *Cinquième Avertissement, etc.*, LV.

quin, mais actuel. Aussi bien, en admettant, ce qui est vrai à certains égards, que l'intérêt devienne pour les princes un frein en même temps qu'une direction, combien, sous cette garde mercenaire de l'intérêt, le droit n'est-il pas exposé! Les conduites du prince ne varieront-elles point au gré de son intérêt même, lequel est de soi essentiellement variable? Ou si l'on cherche quelque fixité à l'intérêt du prince, pour donner de la suite à ses conduites envers les gouvernés, n'est-on pas inévitablement ramené aux basses et avilissantes images du pasteur et du troupeau?

Mais soit. C'est l'intérêt qui fonde les gouvernements; c'est l'intérêt qui oblige les gouvernés à s'abdiquer eux-mêmes entre les mains des gouvernants; c'est l'intérêt qui oblige les gouvernants à ne pas opprimer les gouvernés. Assurément cette théorie de l'intérêt, substituée à une théorie du droit, ne laisse pas que d'être étrange et répugnante. Mais ce n'est pas là l'unique vice qui soit fait pour la discréditer. Elle se trouve, en outre, dans son principe, enveloppée, comme il était impossible qu'elle ne le fût pas, d'obscurités impénétrables. En faisant appel à l'intérêt, Bossuet n'a point encore résolu la question de l'origine du gouvernement.

En effet, il ne suffit pas de dire que l'intérêt d'un peuple rend nécessaire un gouvernement. Il importe, avant tout, de savoir qui institue un gouvernement. Est-ce de lui-même qu'un gouvernement tient son institution? Est-ce d'un peuple? Est-ce de Dieu? Et si cette dernière affirmation offre un sens, ne convient-il point de le dégager avec soin de toute équivoque?

Il s'établit des rois, écrit Bossuet, ou par le consentement des peuples, ou par les armes (1).

(1) Bossuet, *Œuvres complètes*, t. XXV, p. 203. —*Politique*, liv. ii, art. 1, 4ᵉ prop.

Les armes, c'est-à-dire la conquête et l'usurpation, voilà les cas où un gouvernement ne tient son institution que de lui-même. Ces cas ne sauraient nous arrêter; car, quelque différente que soit de l'usurpation la conquête, ce ne sont là, en définitive, malgré leur fréquence, que des exceptions violentes, trop souvent des scandales, et ni l'usurpation ni la conquête ne portent en elles-mêmes la raison d'un établissement.

Sera-ce donc, d'après Bossuet, par le consentement des peuples que s'établiront les rois légitimes?

Bossuet ne cesse, il est vrai, d'invoquer ce consentement. Mais il le prend comme un fait pur et simple; il n'y voit que le cri de la nécessité; c'est, à ses yeux, une abdication sans réserve de droit, ou même, ce qui implique, sans fondement de droit. « Lorsqu'on allègue cette loi fameuse, que la loi suprême est le salut du peuple, je l'avoue; mais ce peuple a mis son salut à réunir toute la puissance dans un seul, par conséquent à ne rien pouvoir contre ce seul à qui il transportait tout. Ce n'était pas qu'on n'eût vu les inconvénients de l'indépendance du prince, puisqu'on avait vu tant de mauvais rois, tant d'insupportables tyrans; mais c'est qu'on voyait encore moins d'inconvénients à les souffrir, quels qu'ils fussent, qu'à laisser à la multitude le moindre pouvoir (1). »

Cela est très-clair. Le peuple qui, pour son salut, a transporté tout au prince, ne peut plus rien contre le prince. Qu'on ne parle point, par conséquent, de pacte, de contrat entre le prince et le peuple. On aura beau dire qu'il est contre la nature de se livrer sans quelque pacte (2). Manifestement il faut

(1) Bossuet, *Œuvres complètes*, t. XIV, p. 309. *Cinquième Avertissement, etc.* XLVIII.

(2) *Id., ibid.*, p. 315. *Cinquième Avertissement, etc.* L.

avouer des obligations naturelles entre le prince et les sujets, mais elles ne sont pas fondées sur un pacte (1). Tout pacte de cette espèce est chimérique; de tels pactes ne se trouvent plus, et il y a longtemps que l'original en est perdu, ou plutôt ils n'ont jamais existé (2).

Bossuet tombe de la sorte dans une confusion qu'il n'est pas difficile de démêler. Sans doute ceux-là ont erré gravement qui ont fait dépendre d'un pacte, avec l'établissement des sociétés, les lois fondamentales qui régissent les sociétés. Loin que les pactes produisent ces lois primordiales, ils les supposent, et au lieu que ces lois tirent des conventions humaines leur autorité, c'est en vertu de l'autorité de ces lois que les contrats formés

(1) Bossuet, *Œuvres complètes*, t. XIV, p. 320. *Cinquième Avertissement, etc.* LIII.

(2) *Id.*, *ibid.*, p. 315. *Cinquième Avertissement, etc.* L.

entre les hommes deviennent sacrés et obli-
gatoires. « Il y a des lois suprêmes et inviola-
bles, oberve fort bien Bossuet, qui ont précédé
toutes les conventions et tous les pactes. Il y
a une loi que Dieu a mise dans le cœur avant
que de l'écrire sur la pierre ou sur le papier.
Là où il n'y a point de loi, la raison, qui est la
source des lois, en est une que Dieu impose à
tous les hommes (1). » Les théoriciens exclu-
sifs du contrat social absorbent donc dans le
droit positif le droit naturel, ne remarquant
pas assez qu'ils rendent le droit positif caduc,
par cela même qu'ils lui ôtent l'inébranlable
support du droit naturel. Car si un contrat ou
un accord de volontés fait la loi, quelle est la
loi qu'un contrat ou un accord de volontés
ne pourra pas défaire?

Mais Bossuet, de son côté et par une erreur
contraire, n'a-t-il pas absorbé dans le droit

(1) Bossuet, *Œuvres complètes*, t. XIV, p. 319.
Cinquième Avertissement, etc. LII.

naturel le droit positif? Évidemment, il y aurait sévérité excessive à lui reprocher de n'avoir point prévu la théorie moderne des chartes. Cependant, lui était-il permis, tout en assimilant l'autorité royale et l'autorité paternelle dans leur exercice, de les assimiler aussi dans leur origine? Et si ce n'est pas sur un pacte que repose l'autorité paternelle, comment ne pas reconnaître que, de sujets à prince, il existe, en même temps que des rapports qui résultent de la nature des choses, des rapports que crée leur volonté réciproque?

Il y a plus; à identifier dans leur origine l'autorité royale et l'autorité paternelle, Bossuet revient ouvertement sur ses premières assertions qu'il contredit. Ce n'est pas, dès lors, par le consentement des peuples que s'établissent les rois, non plus que ce n'est point du consentement de la famille qu'un père reçoit son autorité. L'institution de l'autorité royale remonte à une source plus haute, de même que l'institution de l'autorité paternelle. Le peuple n'a pas plus à abdiquer entre les mains du prince que la famille entre les mains du père, et ce n'est que par métaphore qu'on peut parler d'abdication.

Bossuet, qui repousse la théorie des pactes appliquée à l'explication de l'origine des gouvernements, combat avec bien plus de vivacité encore la doctrine de la souveraineté du peuple. « Le peuple, dit-on, donne la souveraineté; donc il la possède. Ce serait plutôt le contraire qu'il faudrait conclure, puisque si le peuple l'a cédée, il ne l'a plus, ou, en tout cas, il ne l'a que dans le souverain qu'il a créé (1). » Bossuet veut bien supposer un instant qu'avant de se donner un maître, le peuple est souverain, pourvu qu'on lui accorde qu'après avoir créé un souverain, le

(1) Bossuet, *Œuvres complètes*, t. XIV, p. 312. *Cinquième Avertissement, etc*. XLIX.

peuple ne conserve plus rien de cette souveraineté. Ou il faut que le souverain domine le peuple, ou il n'y a plus d'autre souverain que le peuple, si le peuple ne s'est pas entièrement dépouillé de sa souveraineté. Deux souverains ne sauraient coexister. « Or, où veut-on aller par cet empire du peuple? Ce peuple, à qui on donne un droit souverain sur les rois, en a-t-il moins sur toutes les autres puissances? Si, parce qu'il a fait toutes les formes de gouvernements, il en est le maître, il est le maître de toutes, puisqu'il les a toutes faites également (1). »

D'ailleurs, quel usage déraisonnable, pervers, monstrueux ne fait-on pas de ce mot de peuple? Qu'est-ce en Angleterre, par exemple, que le peuple? « Il ne sert de rien de répondre que le parlement c'est le peuple lui-même; car les évêques ne sont pas le peuple, les

(1) Bossuet, *Œuvres complètes*, t. XIV, p. 327. *Cinquième Avertissement, etc.* LVIII.

pairs ne sont pas le peuple, une chambre haute n'est pas le peuple. Qu'est-ce enfin que le peuple, si ce n'est le plus grand nombre? Et si c'est le petit nombre, qui peut lui donner son droit, si ce n'est le grand? L'a-t-il par la loi de Dieu, ou par la nature? Et s'il l'a par la volonté et l'institution du peuple, le même peuple qui l'a donné ne peut-il pas l'ôter ou le diminuer comme il lui plaît? Et quelle borne pourra-t-on donner à sa souveraine puissance (1)? » De là ces détestables maximes « que le peuple est cette puissance *qui seule n'a pas besoin d'avoir raison pour valider ses actes.* Qui donc dira au peuple qu'il n'a pas raison? Personne n'a rien à lui dire, ou bien il en faut venir, pour le bien des peuples, à établir des puissances, contre lesquelles le peuple lui-même ne puisse rien, et

(1) Bossuet, *Œuvres complètes*, t. XIV, p 330. *Cinquième Avertissement, etc.* LIX.

voilà en un moment toute la souveraineté du peuple à bas (1). »

Il serait malaisé de contester ce qu'il y a de décisif dans ces raisonnements, de pressant dans cette logique, de sincère dans cette argumentation. Toutefois ce n'est là, en quelque manière, pour Bossuet, qu'un exercice dialectique. Non-seulement il nie qu'après avoir créé un souverain, le peuple reste souverain, ce qu'il démontre par les absurdes et périlleuses conséquences qui suivraient de la souveraineté du peuple mal entendue, mais il nie qu'en principe le peuple soit souverain, et qu'ainsi ce soit du peuple qu'émane la souveraineté dont le prince se trouve ensuite investi à toujours.

« Sans examiner les conséquences du système, écrit-il contre Jurieu, allons à sa source, et prenons la politique du ministre

(1) Bossuet, *Œuvres complètes*, p. 328. *Cinquième Avertissement, etc.* LVIII.

par l'endroit le plus spécieux. Il s'est imaginé
que le peuple est naturellement souverain;
ou, pour parler comme lui, qu'il possède natu
rellement la souveraineté, puisqu'il la donne
à qui il lui plaît; or, cela c'est errer dans le
principe et ne pas entendre les termes. Car
à regarder les hommes comme ils sont naturellement, et avant tout gouvernement établi,
on ne trouve que l'anarchie, c'est-à-dire dans
tous les hommes une liberté farouche et sauvage, où chacun peut tout prétendre et en
même temps tout contester; où tous sont en
garde, et par conséquent en guerre continuelle contre tous; où la raison ne peut rien
parce que chacun appelle raison la passion
qui le transporte; où le droit même de la nature demeure sans force, puisque la raison
n'en a point; où par conséquent il n'y a ni
propriété, ni domaine, ni bien, ni repos assuré, ni, à dire vrai, aucun droit, si ce n'est
celui du plus fort : encore ne sait-on jamais

qui l'est, puisque chacun tour à tour peut le devenir, selon que les passions feront conjurer ensemble plus ou moins de gens. Savoir si le genre humain a jamais été tout entier dans cet état, ou quels peuples y ont été et en quels endroits, ou comment et par quels degrés on en est sorti, il faudrait pour le décider compter l'infini, et comprendre toutes les pensées qui peuvent monter dans le cœur de l'homme. Quoi qu'il en soit, voilà l'état où l'on imagine les hommes avant tout gouvernement. S'imaginer maintenant dans le peuple considéré en cet état une souveraineté, qui est déjà une espèce de gouvernement, c'est mettre un gouvernement avant tout gouvernement, et se contredire soi-même. Loin que le peuple en cet état soit souverain, il n'y a pas même de peuple en cet état. Il peut bien y avoir des familles, et encore mal gouvernées et mal assurées; il peut bien y avoir une troupe, un amas de monde, une multitude confuse ; mais il ne peut y avoir de peuple, parce qu'un peuple suppose déjà quelque chose qui réunisse quelque conduite réglée, et quelque droit établi : ce qui n'arrive qu'à ceux qui ont déjà commencé à sortir de cet état malheureux, c'est-à-dire de l'anarchie. C'est néanmoins du fond de cette anarchie que sont sorties toutes les formes de gouvernements : la monarchie, l'aristocratie, l'état populaire et les autres ; et c'est ce qu'ont voulu dire ceux qui ont dit que toutes sortes de magistratures ou de puissances légitimes venaient originairement de la multitude ou du peuple. Mais il ne faut pas conclure de là que le peuple, comme un souverain, ait distribué les pouvoirs à un chacun ; car, pour cela, il faudrait déjà qu'il y eût ou un souverain ou un peuple réglé, ce que nous voyons qui n'était pas. Il ne faut pas non plus s'imaginer que la souveraineté ou la puissance publique soit une chose comme

subsistante qu'il faille avoir pour la donner;
elle se forme et résulte de la cession des
particuliers, lorsque fatigués de l'état où
tout le monde est le maître et où personne
ne l'est, ils se sont laissé persuader de re-
noncer à ce droit qui met tout en confusion,
et à cette liberté qui fait tout craindre à tout
le monde, en faveur d'un gouvernement dont
on convient. S'il plaît d'appeler souveraineté
cette liberté indocile qu'on fait céder à la
loi et au magistrat, on le peut; mais c'est
tout confondre; c'est confondre l'indépendance de chaque homme dans l'anarchie, avec
la souveraineté. Mais c'est là tout au contraire ce qui la détruit. Où tout est indépendant, il n'y a rien de souverain; car le souverain domine de droit, et ici le droit de do-
miner n'est pas encore : on ne domine que
sur celui qui est dépendant, or, nul homme
n'est supposé tel en cet état et chacun y est
indépendant, non—seulement de tout autre,

mais encore de la multitude ; puisque la multitude elle-même, jusqu'à ce qu'elle se réduise à faire un peuple réglé, n'a d'autre droit que celui de la force (1). »

De cette façon, pour reproduire les termes mêmes dont Bossuet se sert contre ses adversaires, c'est, comme dans une forêt après avoir longtemps tournoyé parmi des sentiers embarrassés, se retrouver au point d'où on était parti (2). Nous voilà ramenés à la théorie de l'intérêt, mais ne sachant pas davantage d'où vient aux gouvernements leur institution. Car ils ne la tiennent pas d'eux-mêmes ; ils ne la tiennent pas non plus réellement du peuple, avec lequel ils n'ont à conclure aucun pacte, et qui, en aucun cas, n'étant pas non plus souverain, ne peut, quoi qu'en dise Bossuet, donner ce qu'il n'a

(1) Bossuet, *Œuvres complètes*, t. XIV, p. 313. *Cinquième Avertissement, etc.* XLIX.

(2) *Id., ibid.,* p. 328. *Cinquième Avertissement, etc.* LIX.

pas, la souveraineté. Il reste que les gouvernements tiennent leur institution de Dieu.

Telle est la doctrine à laquelle s'arrête Bossuet. « Dieu, écrit-il, est le vrai roi. C'est lui qui établit les rois. Il fit sacrer Saül et David par Samuel, il affermit la royauté dans la maison de David, et lui ordonna de faire régner à sa place Salomon son fils (1). » De là chez les princes « la religion de seconde majesté qui s'attache à leur personne, et qui est un écoulement de la première (2). Dieu a mis en eux quelque chose de divin. Les princes agissent comme ministres de Dieu et ses lieutenants sur la terre. C'est par eux qu'il exerce son empire (3). »

(1) Bossuet, *Œuvres complètes*, t. XXV, p. 200. — *Politique*, liv. ii, art. 1, 2ᵉ prop.

(2) *Id.*, *ibid.*, t. XIV, p. 218. — *Politique*, liv. ii, 3ᵉ prop.

(3) *Id.*, *ibid*, p. 214. — *Politique*, liv. iii, art. 11. 1ʳᵉ prop.

On en conviendra. Une pareille doctrine
exige explication et a besoin, pour présenter
à l'esprit un sens qu'il puisse accepter, qu'on
la dégage de toute équivoque. Commençons
donc par écarter les exemples particuliers
que Bossuet emprunte à l'Histoire Sainte et
qu'à tort il généralise. Bossuet se plaindrait
apparemment qu'on allât à l'encontre de
l'autorité révélée des Écritures, si l'on mettait en doute l'institution immédiate de Saül
et de David par Dieu même. Demandons-
nous simplement si tous les gouvernements,
dont l'histoire universelle nous offre la liste
variée, ont été établis de Dieu. Poser cette
question, c'est à coup sûr la résoudre. Qui
voudrait en effet affirmer qu'il n'y a pas eu
de gouvernement que Dieu n'ait institué? Et
ne serait-ce point rapporter à Dieu les crimes
les plus abominables, couvrir de son autorité
l'origine de toutes les tyrannies, que de prétendre absolument que c'est lui qui établit les

rois? Dieu peut, il est vrai, paraître infliger à la terre de mauvais princes, ou, par moment, la donner en proie aux dévastateurs, parce que dans ses conduites infaillibles quoique secrètes, sa providence sait du mal tirer le bien. Mais Dieu, qui permet le mal, ne le veut jamais. Il permet les mauvais gouvernements, de même qu'il permet tous les écarts de la liberté humaine. Cependant la liberté humaine ne doit s'en prendre qu'à elle-même des mauvais gouvernements qui l'oppriment, comme des écarts dont elle pâtit, après s'y être livrée. Par conséquent, considérée dans le concret et non plus dans le vague de l'abstraction, au grand soleil de l'histoire et non plus à la lueur des faits et gestes du peuple de Dieu, cette proposition que c'est Dieu qui établit les rois souffre d'immenses restrictions. Bossuet lui-même semble en limiter notablement la portée, lorsqu'il parle des gouvernements qu'il appelle légitimes (1). Car dénommer légitimes certains gouvernements, c'est implicitement les distinguer de ceux qui ne le sont pas ; et, à ce compte, enseigner que Dieu institue les gouvernements, c'est entendre sans contredit que les gouvernements légitimes sont seuls établis de Dieu.

Néanmoins, même ainsi réduite, cette assertion se trouve encore très-obscure et demeure presque énigmatique. Effectivement, qu'est-ce qu'un gouvernement légitime? Un gouvernement est-il légitime parce que Dieu l'a établi, ou un gouvernement est-il établi de Dieu parce qu'il est légitime? Est-ce l'institution de Dieu qui constitue la

(1) Bossuet, *Œuvres complètes*, t. XXV, p. 211. — *Politique*, liv. ii, art. 1, 12e prop. « Dieu prend en sa protection *tous les gouvernements légitimes*, en quelque forme qu'ils soient établis : qui entreprend de les renverser n'est pas seulement ennemi public, mais encore ennemi de Dieu. »

légitimité d'un gouvernement, ou la légitimité d'un gouvernement qui constitue l'institution de Dieu?

Bossuet soutient hautement le premier terme de l'alternative. Pour lui, c'est parce que Dieu l'a établi, qu'un gouvernement est légitime; c'est de l'institution de Dieu que vient à un gouvernement sa légitimité. Or, qui ne comprend tout ce qu'un pareil langage a de flottant et tout ce qu'il laisse de place à la fantaisie? Car, si la légitimité d'un gouvernement se reconnaît à ce signe qu'il a été institué de Dieu, à quel signe, d'autre part, reconnaître que c'est Dieu qui a institué un gouvernement? En vain Bossuet, recourant à une phraséologie solennelle, nous parlera-t-il de l'onction sainte qui est sur les rois (1).

(1) Bossuet, *Œuvres complètes*, t. XXV, p. 215. — *Politique*, liv. iii, art. 1, 2ᵉ prop. « Le titre de christ est donné aux rois; et on les voit partout appelés les christs, ou les oints du Seigneur. »

Nous retombons dans tous les inconvénients des gouvernements de fait, et sommes inévitablement conduits, après avoir distingué par abstraction les gouvernements légitimes de ceux qui ne le sont pas, à accepter religieusement tous les gouvernements, quels qu'ils soient. Bossuet ne nous suggère aucun moyen pratique de les distinguer.

La distinction, au contraire, est facile et la démarcation manifeste, lorsqu'on proclame que les gouvernements ne sont établis de Dieu qu'autant qu'ils sont légitimes, et que, loin de créer cette légitimité, l'institution de Dieu la présuppose. Il y a alors un signe éclatant, qui, en montrant à tous les yeux qu'un gouvernement est légitime, prouve aussi que ce gouvernement est établi de Dieu. En effet, la légitimité d'un gouvernement se trouve évidente, et l'institution même de ce gouvernement par Dieu hors de conteste, lorsqu'un gouvernement est l'expression non de l'arbitraire, mais du droit.

Ainsi, quand les Américains, repoussant les iniques mesures de la métropole, résolurent leur séparation en invoquant le nom de Dieu, c'était leur gouvernement, quoique issu de la révolte, qui devenait légitime et conséquemment établi de Dieu; et c'était le gouvernement de l'Angleterre, quoique fondé sur une longue possession, qui cessait d'être légitime et par conséquent d'être revêtu de l'autorité qui vient de Dieu. Oui, Dieu est là, partout où est le droit; Dieu n'est plus là, partout où le droit n'est plus.

Le droit, voilà le mot nécessaire, inviolable, vraiment divin, que Bossuet a trop oublié, ou du moins qu'il a fâcheusement confondu avec l'intérêt. C'est pourquoi, après avoir démontré que les gouvernements ne tiennent pas d'eux-mêmes leur institution, ce qui ne serait qu'une base instable de fait; qu'ils ne la tiennent pas davantage de la souveraineté populaire, ce qui ne donnerait encore qu'un ruineux fondement de fait, Bossuet, à son insu, rapporte lui-même les gouvernements à une origine de fait, par la manière dont il dérive de l'institution de Dieu leur légitimité.

Nul doute que les hommes n'aient intérêt à créer, pour se prémunir contre leurs propres passions, une force qui s'appelle un gouvernement. Mais c'est au nom du droit et non pas de l'intérêt que ce gouvernement s'établit. Un peuple ne cède une partie de son droit qu'afin de conserver intact le fond même de son droit. Le droit ne s'aliène, ni ne se transporte à autrui entièrement, parce qu'il est impossible et contre nature de se dépouiller de tout droit. Un gouvernement n'est que la sauvegarde, la consécration du droit. Il ne saurait donc, en principe, en devenir l'absorption; car ce serait ruiner le droit afin de le garantir.

Nul doute aussi que les gouvernés n'aient intérêt à obéir au pouvoir établi. Mais c'est le droit et non pas l'intérêt qui leur enjoint cette obéissance. Seul, le droit est impératif; les prescriptions de l'intérêt ou les conseils de la prudence n'ont aucun caractère d'obligation.

Nul doute enfin que l'intérêt ne soit pour les princes un frein salutaire ou une excitation pressante à bien gouverner; mais c'est, avant tout, le droit qu'il leur faut respecter. L'intérêt peut leur être une impulsion; le droit seul est leur loi, comme il est la loi des gouvernés. En d'autres termes, il n'y a ni souveraineté du peuple, ni souveraineté du prince; il y a la souveraineté du droit, qu'exprime la souveraineté nationale (1).

(1) Cf. Claude Joly, *Recueil, etc.*, *Lettre Apologetique*, etc , p. 28 « On condamne cette proposition *Que le Roy tient son autorité des peuples*. De qui donc? De Dieu, direz-vous sans doute. Nous vous avons beaucoup d'obligation de nous avoir

L'intérêt suit le droit; il ne prime ni ne remplace le droit.

tirés de la profonde ignorance où nous étions. Sans vous nous ne savions pas ce que nous crie l'Apôtre et la raison à haute voix : *Omnis potestas a Deo*. Mais Dieu n'agit pas toujours immédiatement par soi-même. Il se sert des causes secondes pour produire les effets qu'il lui plaît dans l'ordre de la nature et le gouvernement du monde. Il se sert de l'influence des astres, des pluies, de la terre, de la culture du laboureur, pour faire nos moissons et nos vendanges. Le soleil et l'homme engendrent un autre homme, dit le philosophe; et néanmoins Dieu ne laisse pas d'être notre créateur et notre père nourricier, quoique nous puissions dire avec vérité, que l'homme tient sa naissance d'un autre homme, et que la terre tient sa fertilité des influences. Les causes particulières subordonnées à la cause générale, qui est Dieu, ne laissent pas d'être vraies et légitimes causes des effets qu'elles produisent. Ainsi les peuples sont les auteurs et les vraies causes de toutes les formes de gouvernements qu'ils ont établis sur eux : et les magistrats, soit Roys, soit Consuls, soit Dictateurs, tiennent leur élection et leur autorité d'eux, selon les diffé-

Le droit est la loi fondamentale et non pas l'intérêt; le droit est pour les peuples la loi de vie, la loi de Dieu, tandis que, séparé du droit, ce qu'on nomme l'intérêt n'est qu'une loi humaine et souvent qu'une loi de mort. Le droit est la loi des lois.

Bossuet lui-même n'a pu parfois s'empêcher de le reconnaître. « Tous les peuples, écrit-il, ont voulu donner à leurs lois une origine divine, et ceux qui ne l'ont pas eue ont feint de l'avoir (1). Toutes les lois sont fondées sur la première de toutes les lois, qui est celle de la nature, c'est-à-dire sur la

rentes conditions et stipulations sous lesquelles elle leur a été donnée. C'est pourquoi Saint Pierre en sa première Epistre, chap. II, appelle les Roys une *institution humaine*. — Les deux propositions ne se choquent point; les Roys tiennent leur autorité de Dieu; et les Roys tiennent leur autorité des peuples. »

(1) Bossuet, *Œuvres complètes*, t. XXV, p. 185. — *Politique*, liv. I, art. IV, 7ᵉ prop.

droite raison et sur l'équité naturelle. L'intérêt et la passion corrompent les hommes. La loi est sans intérêt et sans passion..; dans la loi sont recueillies les plus pures lumières de la raison (1). » Aussi, quel qu'il puisse être, un gouvernement par lui-même n'est rien. Fondé sur le droit, il n'a d'autorité que par le droit, et ne prospère qu'autant qu'il reste l'expression du droit. Et qu'appelle-t-on le droit parmi les hommes, si ce n'est au nom de l'idée du bien, innée à tous les esprits, vivante dans toutes les consciences, consubstantielle à Dieu même, le respect réciproque des libertés humaines, c'est-à-dire de libertés égales?

(1) Bossuet, *Œuvres complètes* p. 182, 183. — *Politique,* liv. I, art. IV, 2ᵉ, 4ᵉ prop.

V

Les gouvernements ne sont, en définitive,
que des moyens. C'est pourquoi, comme, en
fait de moyens, rien n'est absolu, il peut y
avoir, et de tout temps il y a eu, suivant la
diversité des circonstances, diverses formes
de gouvernements.

Cependant ces formes de gouvernements

10.

sont-elles toutes également bonnes? Leur
bonté relative se mesure-t-elle uniquement à
la sécurité plus ou moins profonde qu'elles
procurent, ou à la conformité plus ou moins
grande qu'elles présentent avec l'éternelle
notion du droit? N'est-ce pas se heurter à la
fois contre la nature des choses et la raison
que de prétendre immobiliser un peuple dans
une forme quelconque de gouvernement? Car
comment imaginer que chez cet être vivant
qui se nomme un peuple, le cours même de la
vie ne soit point une perpétuelle évolution? Et
s'il y a des évolutions ou révolutions qu'il importe de conjurer, parce qu'elles sont des re-
culs ou des pas vers la décadence, n'en est-il
pas d'autres, au contraire, qu'il convient de
seconder et de bénir, comme autant de conquêtes et de progrès? N'y a-t-il pas, en
effet, un idéal de gouvernement vers lequel
les peuples, quelles que soient leurs tradi-
tions, quels que puissent être les milieux où

ils se trouvent placés, doivent tendre de
tous leurs efforts? N'est-ce pas là précisément en quoi consiste la civilisation? Enfin
et conséquemment, n'est-ce point un devoir
aussi que de travailler, par l'éducation des
esprits, à la réalisation de plus en plus com-
plète de cet idéal?

Questions ardues et graves, que Bossuet
n'a pas toutes abordées ou examinées avec
une sévère attention, mais qu'il a néanmoins
pour la plupart comme implicitement réso-
lues, parce qu'il est impossible de traiter de
politique sans que ces problèmes s'imposent
d'eux-mêmes à l'esprit.

Et d'abord Bossuet ne fait pas difficulté de
rappeler qu'il y a eu diverses formes de gouvernements.

« Les histoires nous font voir un grand
nombre de républiques, dont les unes se gou-
vernaient par tout le peuple, ce qui s'appelait démocratie, et les autres par les grands,

ce qui s'appelait aristocratie. Les formes de gouvernements ont été mêlées en diverses sortes, et ont composé des États mixtes(1). »

Mais ce n'est là, de la part de Bossuet, qu'une mention pure et simple, à laquelle il n'a garde de s'arrêter. Son dessein n'est point d'analyser curieusement, pour les comparer ensuite, les diverses formes de gouvernements. Il poursuit un tout autre but, vers lequel il marche sans dévier : son but est de préconiser le système monarchique qu'il a sous les yeux, en lui immolant ce qu'il appelle l'état populaire. Ni le passé ne l'occupe, ni l'avenir ne lui laisse entrevoir des horizons nouveaux; et quant au présent, il se résume pour lui tout entier dans le régime de pacification majestueuse, par où Louis XIV a mis fin aux désordres de la Fronde. On dirait presque que le savant évêque a foi en la mo-

(1) Bossuet, *Œuvres complètes*, t. XXV, p. 205. — *Politique*, liv. II, art. XVIII, 6e prop.

narchie autant qu'en l'Église. Cette forme
de gouvernement lui semble, à tout le moins,
convenir mieux qu'aucune autre à la nature
des hommes, et il affecte d'en reporter les
commencements aux origines mêmes de l'histoire.

« Tout le monde commence par des mo-
narchies, et presque tout le monde s'y est
conservé comme dans l'état le plus naturel.
Aussi cet état a-t-il son fondement et son
modèle dans l'empire paternel, c'est-à-dire
dans la nature même. Les hommes naissent
tous sujets, et l'empire paternel, qui les accoutume à obéir, les accoutume en même
temps à n'avoir qu'un chef (1). »

Trois raisons d'ailleurs prouvent, suivant
Bossuet, que ce gouvernement est le meilleur. « La première, c'est qu'il est le plus
naturel et qu'il se perpétue lui-même. Rien

(1) Bossuet, *Œuvres complètes*, t. XXV, p. 206.
— *Politique*. liv. I, art 1ᵉʳ, 7ᵉ prop.

n'est plus durable qu'un État qui dure et se perpétue, par les mêmes causes qui font durer l'univers et qui perpétuent le genre humain. La seconde raison qui favorise ce gouvernement, c'est que c'est celui qui intéresse le plus à la conservation de l'État les puissances qui le conduisent. Le prince qui travaille pour son État travaille pour ses enfants; et l'amour qu'il a pour son royaume, confondu avec celui qu'il a pour sa famille, lui devient naturel. La troisième raison est tirée de la dignité des maisons, où les royaumes sont héréditaires... Au reste, le peuple de Dieu n'admettait pas à la succession le sexe qui est né pour obéir... Où les filles succèdent, les royaumes ne sortent pas seulement des maisons régnantes, mais de toute la nation (1). »

Indubitablement, ces avantages sont très-

(1) Bossuet, *Œuvres complètes*, t. XXV, p. 208. — *Politique*, liv. ii, art. 1ᵉʳ, 10ᵉ et 11ᵉ prop.

solides et n'offrent rien d'illusoire. Cette perpétuité du prince, qui amène la perpétuité des lois, garantit l'assiette même de l'État. Car, si le prince meurt, l'autorité est immortelle et l'État subsiste toujours. C'est pourquoi les mêmes desseins se continuent, et de la sorte l'attachement aux lois et aux anciennes maximes affermit la société (1). Au contraire, « on perd la vénération pour les lois, quand on les voit si souvent changer. C'est alors que les nations semblent chanceler, comme troublées et prises de vin, ainsi que parlent les prophètes (2). »

(1) Bossuet, *Œuvres complètes*, t. XXV, p. 413. — *Politique*, liv. VIII, art. III, 3ᵉ prop. « La conservation des anciens droits... concilie aux grands royaumes une idée non-seulement de fidélité et de sagesse, mais encore d'immortalité, qui fait regarder l'État comme gouverné, ainsi que l'univers, par des conseils d'une immortelle durée. »

(2) *Id., ibid.*, p. 186. — *Politique*, liv. I, art. IV, 8ᵉ prop.

Toutefois il importe de le remarquer. Ce n'est pas tant à cause de son excellence morale qu'au nom de la sécurité qu'elle promet, que Bossuet proclame d'emblée la monarchie la meilleure forme de gouvernement. L'intérêt, non le droit, voilà l'objet essentiel de sa politique. Ajoutons pourtant qu'il prend souci de dissiper les équivoques fâcheuses qui peuvent rendre odieuse l'idée de la monarchie, en la représentant comme une négation ou un amoindrissement de l'idée même du droit. Ainsi, la monarchie, telle qu'il l'entend, est et ne peut être que la monarchie absolue. Or, l'absolu ne risque-t-il pas grandement de se confondre avec l'arbitraire ? Bossuet répond que ce serait vouloir tromper et se tromper que d'identifier avec le pouvoir arbitraire le pouvoir absolu (1). A l'en croire, les différences les plus radicales les séparent.

(1) Bossuet, *Œuvres complètes*, t. XXV, p. 237. — *Politique*, liv. iv, art. 1er.

« Quatre conditions accompagnent le gouvernement que l'on nomme arbitraire. Premièrement, les peuples sujets sont nés esclaves, c'est-à-dire vraiment serfs ; et parmi
eux il n'y a point de personnes libres. Secondement, on n'y possède rien en propriété ;
tout le fonds appartient au prince ; et il n'y a
point de succession, pas même de fils à père.
Troisièmement, le prince a droit de disposer
à son gré, non-seulement des biens, mais encore de la vie de ses sujets comme on ferait
des esclaves. Et en quatrième lieu, il n'y a
de loi que sa volonté. Voilà ce qu'on appelle
puissance arbitraire. Je ne veux pas examiner,
continue Bossuet, si elle est licite ou illicite. Il
y a des peuples et de grands empires qui s'en
contentent ; et nous n'avons point à les inquié-
ter sur la forme de leur gouvernement. Il nous
suffit de dire que celle-ci est barbare et
odieuse. Ces quatre conditions sont bien éloi-
gnées de nos mœurs, et ainsi le gouvernement

arbitraire n'y a point de lieu. C'est autre chose que le gouvernement soit absolu, autre chose qu'il soit arbitraire. Il est absolu par rapport à la contrainte; n'y ayant aucune puissance capable de forcer le souverain, qui, en ce sens, est indépendant de toute autorité humaine. Mais il ne s'ensuit pas de là que le gouvernement soit arbitraire; parce que, outre que tout est soumis au jugement de Dieu, ce qui convient aussi au gouvernement arbitraire, c'est qu'il y a des lois dans les empires contre lesquelles tout ce qui se fait est nul de droit; et il y a toujours ouverture à revenir contre, ou dans d'autres occasions, ou dans d'autres temps (1). »

On en tombera d'accord. Il ne faut être ni agité par des appréhensions vaines, ni animé d'un esprit de contention, pour trouver assez

______

(1) Bossuet, *Œuvres complètes*, t. XXV, p. 406. — *Politique*, liv. VIII, art. 2, 1re prop.

minces les différences qu'indique Bossuet
entre le pouvoir absolu et le pouvoir arbitraire (1). Ces différences, aussi bien, ne sauraient, en aucun cas, constituer d'insurmontables barrières. Et néanmoins le pouvoir
absolu n'incline-t-il point par nature, ou ordinairement même ne dégénère-t-il pas en
pouvoir arbitraire? Bossuet, qui qualifie le
gouvernement arbitraire de barbare et d'o-
dieux, quoiqu'il ne veuille pas examiner s'il
est licite ou illicite; Bossuet, en rappelant
qu'il y a des peuples et de grands empires
qui s'en contentent, songeait sans doute à
l'empire Turc. Bossuet ignorait-il donc que

(1) Cf. Tallemant Des Réaux; *Les Historiettes*,
t. III, p. 250; XCVI *Madame de Montausier*. « M. de
Montausier voulait qu'on fît deux citadelles à Paris,
une au haut et l'autre au bas de la rivière, et dit
qu'un roi, pourvu qu'il en use bien, ne saurait être
trop absolu, comme si ce POURVU était une chose
infaillible. »

plus d'une fois Louis XIV avait envié, ou même imité d'assez près les mœurs et l'omnipotence du Sultan? Sur cette pente fatale, par où le pouvoir absolu se précipite dans l'arbitraire, qui retiendra le pouvoir absolu (1)?

Bossuet n'indique aucun moyen propre à conjurer ce péril, quelque menaçant qu'il puisse être. Qu'ils vivent en monarchie ou en république, qu'ils jouissent d'un gouvernement bienfaisant et humain ou qu'ils aient à subir un gouvernement barbare et odieux, les peuples ne doivent pas songer à sortir de l'état auquel ils sont depuis longtemps accoutumés (2). Toute entreprise qui tendrait à

(1) Cf. Claude Joly, *Recueil de Maximes véritables et importantes pour l'institution du Roy*, p. 17 : *Quel est le droit et pouvoir d'un roi sur ses sujets.* « Le pouvoir des rois est borné et fini, et ils ne peuvent pas disposer de leurs sujets à leur volonté et plaisir. »

(2) Bossuet, *Œuvres complètes*, t. XXV, p. 211. — *Politique*, liv. ii, art. 1ᵉʳ, 12ᵉ prop.

modifier cet état serait criminelle. Chercher
à changer de condition, ce serait combattre
contre Dieu même. « Il n'y a aucune forme
de gouvernement, ni aucun établissement humain qui n'ait ses inconvénients ; de sorte qu'il
faut demeurer dans l'état auquel un long
temps a accoutumé le peuple. C'est pourquoi,
Dieu prend en sa protection tous les gouvernements légitimes, en quelque forme qu'ils
soient établis ; qui entreprend de les renverser, n'est pas seulement ennemi public,
mais encore ennemi de Dieu (1). »

De la sorte voilà, au nom de Dieu, au nom
de leur intérêt propre, les nations immobili-
sées même dans la barbarie.

Étrange et désolante doctrine, dont on s'é-

(1) C'est un quatrain de Pibrac; *Quatrain* 100.

> « Aime l'État tel que tu le vois être :
> S'il est royal, aime la royauté;
> S'il est de peu, ou bien communauté,
> Aime l'aussi, quand Dieu t'y a fait naître. »

tonne que l'évêque de Meaux n'ait pas compris les erreurs et pressenti les dangers! Y a-t-il eu en effet un peuple, fût-ce en Chine ou dans l'Inde, y a-t-il eu même une petite théocratie, telle que la théocratie du peuple Hébreu, où les formes du gouvernement n'aient subi des modifications successives? Funestes ou favorables, ces transformations sont dans la nature des choses. Elles expriment le jeu de la liberté humaine autant que celui des passions. Les nier, c'est nier la réalité, décliner la dictée des faits pour se perdre dans de vides abstractions, substituer aux tressaillements féconds de la vie la glaciale rigidité de la mort.

Disons plus. Loin qu'il soit raisonnable de nier ces transformations, il ne s'agit pas toujours de les combattre; il s'agit même le plus souvent de les diriger. Il en est effectivement des peuples comme des individus. Leurs conditions d'existence varient sans doute avec la diversité même de circonstances, qu'il serait comme infini d'énumérer. Mais cette existence n'est-elle pas constamment dominée par la loi morale, de telle façon qu'elle s'accroît d'autant plus en noblesse et en intensité qu'elle se trouve davantage conforme à cette loi? Le droit est la loi morale ou naturelle des peuples. Plus la loi positive qui les régit se rapproche de cette loi naturelle, et plus aussi ils occupent dans l'histoire une place élevée. Amener par degré un respect chaque jour plus inviolable du droit est donc un progrès qu'ils sont tenus de se proposer.

Il est vrai que les passions perverses des hommes imposent par leurs excès mêmes à tout gouvernement la nécessité de défendre par la force la justice. Mais, d'un côté, ne serait-ce point pervertir à son tour le gouvernement, que de faire servir à l'abolition du droit la force même qui est destinée à protéger le droit? Et de l'autre, pour sublime que puisse

être l'idéal d'une politique vraiment digne de
l'homme, s'ensuit-il qu'il ne faille point travailler à le réaliser? L'histoire, qui nous
offre le spectacle affligeant de tant de déca-
dences, ne témoigne-t-elle pas aussi avec
éclat des progrès du droit et des triomphes
de la liberté? Et depuis Bossuet, sous la ma-
gique influence du droit et de la liberté, n'a-
t-on pas vu le monde subir des transformations qui lui ont donné comme une face
nouvelle? Ces vérités certaines ont échappé à
la pénétration de Bossuet, comme les faits qui
les manifestent ont trompé toutes ses prévi-
sions. Homme d'autorité, il a craint, en toutes
choses, les remuements, quels qu'ils fussent.
Représentant de la tradition, ses regards se
sont concentrés sur le passé sans jamais se
tourner vers l'avenir. Théologien, il a transporté dans la politique l'inflexibilité du dogme
et identifié avec la vie de la conscience, ou
même avec la vie religieuse, la vie publique.

C'est pourquoi, c'est encore moins peut-être au gouvernement de l'État qu'au gouvernement intérieur de lui-même, qu'il s'applique à former le prince par ses maximes.

Le Prince, tel serait effectivement le titre exact de l'ouvrage que Bossuet a intitulé *Politique*. A vrai dire, le grand évêque n'a pas de politique, ou du moins sa politique tout entière repose sur des postulats. Partisan de la monarchie absolue, il en a rédigé l'apologie, non la critique. Il s'agit uniquement pour lui de savoir comment la royauté qui est continuera d'être. Et de la sorte, ce ne sont pas les conditions du gouvernement le meilleur qu'il discute, mais la parfaite image du roi absolu qu'il s'applique à retracer.

Du prince. Les sujets ne sont que des membres, et le prince est le chef. Tout l'État dans le prince. Que les sujets se doivent au prince, et que le prince se doit aux sujets. — Le gouvernement, ouvrage de raison. Qualités indispensables au prince. Sérieux de la vie du prince. De la piété du prince. Nécessité des conseils. — Des armes; justes motifs de faire la guerre; la fausse gloire foudroyée; éloge des armées permanentes. Des finances; l'impôt laissé à l'arbitraire du prince; définition de l'impôt; le travail source de la richesse; la mendicité distinguée de l'indigence et proscrite. De la justice; le prince seul fait et applique la loi; de l'observation de la justice par les sujets, par la famille du prince, par le prince; justice distributive; inviolabilité du serment du prince. — Empire qu'il faut que le prince exerce sur ses passions. Tentations de la puissance. Le mauvais prince menacé de la révolte, et néanmoins toute révolte condamnée. Le prince, oint du Seigneur, uniquement justiciable de sa conscience, de la postérité et de Dieu. — Mélange d'erreurs et de vérités que contiennent ces affirmations.

Il serait difficile de remettre entre les mains du prince un plus entier pouvoir que celui que Bossuet estime nécessaire de lui conférer.

Aussitôt qu'il y a un roi, le peuple n'a plus qu'à se tenir en repos sous son autorité (1). « Le moyen d'affermir le prince, c'est d'établir l'autorité, et qu'il voie que tout est en lui. Assuré de l'obéissance, il n'est en peine que de lui-même; en s'affermissant, il a tout fait et tout suit : autrement, il hésite, il tâtonne, et tout se fait mollement. Le chef tremble quand il est mal assuré de ses membres. Il faut que le peuple craigne le prince; mais si le prince craint le peuple, tout est perdu (2). »

(1) Bossuet, *Œuvres complètes*, t. XXV, p. 241. — *Politique*, liv. iv, art. 1er, 5e prop.—Cf. *Mémoires de Louis XIV*, t. II, p. 403. « On doit demeurer d'accord qu'il n'est rien qui établisse avec tant de sûreté le bonheur et le repos des provinces que la parfaite réunion de toute l'autorité dans la seule personne du souverain. »

(2) Bossuet, *Œuvres complètes*, t. XXV, p. 248.— *Politique*, liv. iv, art. 1er, 6e prop.— Cf. *Mémoires de Louis XIV*, t. II, p. 6. « Il est certain que l'assujettissement, qui met le souverain dans la nécessité de

Et ce ne sont pas là, chez Bossuet, des hyperboles ou des métaphores. A la lettre, les sujets ne sont que des membres, et le prince est le chef, qui, en tout et pour tout, donne aux membres leur impulsion.

« Au prince seul appartient le commandement légitime; à lui seul appartient la force corrective. Au prince seul appartient le soin général du peuple; c'est là le premier article et le fondement de tous les autres; à lui seul les ouvrages publics, à lui les places et les

prendre la loi de ses peuples, est la dernière calamité où puisse tomber un homme de notre rang... Ce qui fait la grandeur et la majesté des rois n'est pas tant le sceptre qu'ils portent que la manière de le porter. C'est pervertir l'ordre des choses que d'attribuer les résolutions aux sujets et la déférence au souverain. C'est à la tête seulement qu'il appartient de délibérer et de résoudre, et toutes les fonctions des autres membres ne consistent que dans l'exécution des commandements qui leur sont donnés. »

armes, à lui les décrets et les ordonnances, à lui les marques de distinction; nulle puissance que dépendante de la sienne, nulle assemblée que par son autorité (1). C'est ainsi que pour le bien d'un État, on en réunit en un toute la force. Mettre la force hors de là, c'est diviser l'État, c'est ruiner la paix publique, c'est faire deux maîtres (2). »

(1) Cf. *Mémoires de Louis XIV*, t. II, p. 16. « C'est à celui seul qui règne que s'adressent tous les vœux; lui seul reçoit tous les respects, lui seul est l'objet de toutes les espérances; on ne poursuit, on n'attend, on ne fait rien que par lui seul. On regarde ses bonnes grâces comme la seule source de tous les biens; on ne croit s'élever qu'à mesure qu'on s'approche de sa personne ou de son estime; tout le reste est rampant, tout le reste est impuissant, tout le reste est stérile. »

(2) Bossuet, *Œuvres complètes*, t. XXV, p. 240. — *Politique*, liv. iv, art. 1, 3ᵉ prop. — Cf. *Mémoires de Louis XIV*, t. II, p. 7. « Si je vous ai fait voir, mon fils, la misérable condition des princes qui soumettent leurs peuples et leur dignité à la conduite d'un premier ministre, j'ai

Le prince n'est plus, à ce compte, un homme particulier. Il représente tous les intérêts d'un peuple, et en devient la défense certaine, comme il en est l'unique expression.

« Le prince, en tant que prince, n'est pas

bien sujet de vous représenter la misère de ceux qui sont abandonnés à l'indiscrétion d'une populace assemblée... Plus vous accordez à un peuple assemblé, plus il prétend; plus vous le caressez, plus il vous méprise; et ce dont il est une fois en possession est retenu par tant de bras, que l'on ne le peut arracher sans une extrême violence... Mais c'est trop longtemps m'arrêter sur une réflexion qui semble vous être inutile, ou qui ne peut au plus vous servir qu'à reconnaître la misère de nos voisins, puisqu'il est constant que dans l'État où vous devez régner après moi, vous ne trouverez point d'autorité qui ne se fasse honneur de tenir de vous son origine et son caractère; point de corps dont les suffrages osent s'écarter des termes du respect, point de compagnie qui ne se croie obligée de mettre sa principale grandeur dans le bien de votre service, et son unique sûreté dans son humble soumission. »

regardé comme un homme particulier; c'est un personnage public; tout l'État est en lui; la volonté de tout le peuple est renfermée dans la sienne. La puissance royale agit en même temps dans tout le royaume. Elle tient tout le royaume en état, comme Dieu y tient tout le monde. Que Dieu retire sa main, le monde retombera dans le néant; que l'autorité cesse dans le royaume, tout sera en confusion. Le prince a-t-il pénétré l'intrigue? Ses longs bras vont prendre ses ennemis aux extrémités du monde; ils vont les déterrer au fond des abîmes. Il n'y a point d'asile assuré contre une telle puissance (1). Voyez un peuple immense réuni en une seule personne; voyez

(1) Bossuet, *Œuvres complètes*, t. XXV, p. 312. —*Politique*, liv. v, art. iv, 1re prop.—Cf. *Mémoires de Louis XIV*, t. II, p. 89. « On dit que les rois ont les mains longues, mais il est important qu'ils aient la vue longue aussi, et qu'ils prévoient les affaires longtemps auparavant qu'elles puissent arriver. »

cette puissance sacrée, paternelle, absolue ; voyez la raison secrète qui gouverne tout le corps de l'État, renfermée dans une seule tête : vous voyez l'image de Dieu dans les rois, et vous avez l'idée de la majesté royale (1). »

C'est pourquoi, l'on doit au prince les mêmes services qu'à sa patrie (2). Se dévouer au prince, c'est se dévouer à sa patrie, et s'il n'est pas permis d'accorder sans réserve à Bossuet qu'il faille servir l'État comme le prince l'entend (3), on ne peut du moins s'empêcher d'applaudir au généreux accent avec

(1) Bossuet, *Œuvres complètes*, t XXV, p. 3!2. —*Politique*, liv. v, art. iv, 1ʳᵉ prop. — Cf. *Mémoires de Louis XIV*, t. II, p. 238. « Il est de certaines fonctions, où tenant, pour ainsi dire, la place de Dieu, nous semblons être participants de sa connaissance, aussi bien que de son autorité. »

(2) Bossuet, *Œuvres complètes*, t. XXV, p. 317. — *Politique*, liv. vi, art. 1ᵉʳ, 1ʳᵉ prop.

(3) *Id.*, *ibid.*, 2ᵉ prop. « Ceux qui pensent servir l'État autrement qu'en servant le prince, et en lui

lequel il célèbre l'attachement au prince, lequel est patriotisme et non point servilité. « Un bon sujet aime son prince comme le bien public, comme le salut de tout l'État, comme l'air qu'il respire, comme la lumière de ses yeux, comme sa vie et plus que sa vie... De là ce cri de Vive le roi, qui a passé du peuple de Dieu à tous les peuples du monde (1). »

De son côté, le prince se doit à ses sujets, et Bossuet lui représente fortement qu'une autorité absolue ne lui a point été départie, non plus qu'elle ne l'est à un chef de famille, pour qu'il en use ou abuse suivant son plaisir, mais afin qu'il la fasse servir au bien de l'État.

« Dieu qui a formé tous les hommes d'une même terre pour le corps, et a mis également

obéissant, s'attribuent une partie de l'autorité royale; ils troublent la paix publique et le concours de tous les membres avec le chef. »

(1) Bossuet, *Œuvres complètes*, t. XXV, p. 319 — *Politique*, liv. VI, art. 1ᵉʳ, 4ᵉ prop.

dans leurs âmes son image et ressemblance,
n'a pas établi entre eux tant de distinctions,
pour faire d'un côté des orgueilleux, et de
l'autre des esclaves et des misérables. Il n'a
fait des grands que pour protéger les petits;
il n'a donné sa puissance aux rois que pour
procurer le bien public, et pour être le support du peuple... L'obligation d'avoir soin du
peuple est le fondement de tous les droits que
les princes ont sur leurs sujets... Le prince
est un personnage public, qui doit croire que
quelque chose lui manque, quand quelque
chose manque au peuple et à l'État (1). Le
prince doit penser de grandes choses. Taisez-

(1) Cf. *Mémoires de Louis XIV*, t. II, p. 46.
« Notre État nous doit être bien plus précieux que
notre famille, qui n'en fait qu'une légère partie. Et
le titre de père de nos peuples nous doit être beaucoup plus cher que celui de père de nos enfants,
puisque enfin l'un n'est qu'un don fort commun de
la nature, et que l'autre est un fruit fort singulier
de notre vertu. »

vous, pensées vulgaires ; cédez aux pensées royales. Les pensées royales sont celles qui regardent le bien général : les grands hommes ne sont pas nés pour eux-mêmes : les grandes puissances, que tout le monde regarde, sont faites pour le bien du monde (1). »

Or, comment le prince exercera-t-il pour le plus grand profit de l'État, cette absolue puissance dont il est le détenteur absolu et le suprême administrateur ?

Bossuet commence par déclarer, chose rare ! que le gouvernement doit être un ouvrage de raison et d'intelligence. « Le caractère du mauvais prince est de se paître soi-même et de ne pas songer au troupeau... Mais n'eût-on qu'un cheval à gouverner et des troupeaux à conduire, on ne peut le faire sans raison : combien plus en a-t-on besoin

____

(1) Bossuet, *Œuvres complètes*, t. XXV, p. 313. — *Politique*, liv. v, art. iv, 2ᵉ prop.

pour mener les hommes et un troupeau raisonnable (1)! »

Nous voilà revenus à l'avilissante image
du pasteur et du troupeau. Cependant, que ce
troupeau raisonnable est difficile à conduire!
Et combien toutes ces raisons sont malaisément pliables à une seule raison! Nul n'a
mieux compris que Bossuet, parce que nul ne
les a considérés avec des intentions plus
pures, tous les embarras presque inextri-
cables où jettent le prince les soins du gouvernement. Aussi, ne se lasse-t-il pas de re-
commander au prince le sérieux de la vie,
l'étude des hommes (2), une perpétuelle at-

(1) Bossuet, *Œuvres complètes*, t. XXV, p. 256.
—*Politique*, liv. IV, art. 1er, 1re prop.—Cf. *Codicille
d'or*, p. 69. « Il faut qu'un prince soit amoureux de
son État et de ses sujets; car nul ne peut bien
gouverner ni des chiens, ni des chevaux, ni des
hommes, ni quelque chose que ce soit, s'il ne se
plait aux choses dont il doit prendre soin. »
(2) Cf. *Mémoires de Louis XIV*, t. II, p. 341.

tention sur les autres et sur lui-même. « Il ne faut pas s'imaginer le prince un livre à la main, avec un front soucieux et des yeux profondément attachés à la lecture (1) ; son livre principal est le monde ; son étude, c'est d'être attentif à ce qui se passe devant lui ou à ce qui s'est passé avant lui pour en profiter. Car les grands événements des choses humaines ne font, pour ainsi parler, que se renouveler tous les jours sur le grand théâtre

« Cette maxime, qui dit que pour être sage il suffit de se bien connaître soi-même, est bonne pour les particuliers ; mais le souverain, pour être habile et bien servi, est obligé de connaître tous ceux qui sont à la portée de sa vue. »

(1) Cf. *Mémoires de Louis XIV*, t. II, p. 428. « Il ne faut pas vous imaginer, mon fils, que les affaires d'État soient comme ces endroits épineux et obscurs des sciences qui vous auront peut-être fatigué .. La fonction des rois consiste principalement à laisser agir le bon sens, qui agit toujours naturellement sans peine. »

du monde. Il semble qu'il n'y a qu'à consulter le passé, comme un fidèle miroir de ce qui se passe à nos yeux (1). »

D'ailleurs, que la vie du prince est sévère et qu'elle doit être laborieuse! « Tant d'humeurs, tant d'intérêts, tant d'artifices, tant de passions, tant de surprises à craindre, tant de choses à considérer, tant de monde de tous côtés à écouter et à connaître : quel esprit y peut suffire (2) ! »

Quelque étendue et pénétrante qu'on la suppose, la sagesse du prince serait donc impuissante à supporter le poids des affaires, s'il

(1) Bossuet, *Œuvres complètes*, t. XXV, p. 266. — *Politique*, liv. v, art. Ier, 8e prop.

(2) *Id.*, *ibid.*, p. 257. — *Politique*, liv. v. art. 1er, 1re prop.— Cf. *Mémoires de Louis XIV*, t. II, p. 519. « Le métier de roi est grand, noble et délicieux quand on se sent digne de bien s'acquitter de toutes les choses auxquelles il engage. Mais il n'est pas exempt de peines, de fatigues et d'inquiétudes. »

n'appelait à son aide la coopération des mieux sensés. Ce n'est pas qu'il doive jamais se livrer. Il ne faut pas qu'un autre ait l'autorité effective, et lui seulement les révérences (1).

(1) Cf. *Mémoires de Louis XIV*, t. II, p. 385. « J'étais résolu à ne prendre point de premier ministre et, si vous m'en croyez, mon fils, et tous vos successeurs après vous, le nom en sera pour jamais aboli en France, rien n'étant plus indigne que de voir, d'un côté, toute la fonction, et, de l'autre, le seul titre de roi. Pour ce dessein, il était absolument nécessaire de partager ma confiance et l'exécution de mes ordres entre plusieurs personnes, afin d'en réunir toute l'autorité en la mienne seule... Et pour vous découvrir toute ma pensée, je crus qu'il n'était pas de mon intérêt de chercher des hommes d'une qualité éminente, parce qu'ayant besoin sur toutes choses d'établir ma propre réputation, il était important que le public connût par le rang de ceux dont je me servais, que je n'étais pas en dessein de partager avec eux mon autorité, et qu'eux-mêmes sachant ce qu'ils étaient, ne connussent pas de plus hautes espérances que celles que je leur voudrais donner. »

Qu'il reste maître de lui; qu'il sache se résoudre et qu'il se réserve toute décision;
qu'il soit scrupuleux dans le choix de ses conseillers et écarte résolûment les jeunes gens,
les méchants, les ambitieux, les favoris et
les flatteurs (1); mais qu'il fasse tout pour

(1) Bossuet, *Œuvres complètes*, t. XXV, p. 280
et suiv. — *Politique*, liv. v, art. ii, 5ᵉ prop.
« Après tant d'instructions tirées des auteurs sacrés, ne refusons pas d'écouter un prince infidèle,
mais habile et grand politique. C'est Dioclétien qui
disait : « Il n'y a rien de plus difficile que de bien
« gouverner : quatre ou cinq hommes s'unissent et
« se concertent pour tromper l'Empereur. Lui qui
« est enfermé dans ses cabinets ne sait pas la vérité.
« Il ne peut savoir que ce que lui disent ces quatre
« ou cinq hommes qui l'approchent. Il met dans les
« charges des hommes incapables. Il en éloigne les
« gens de mérite. C'est ainsi, disait ce prince, qu'un
« bon empereur, un empereur vigilant, et qui prend
« garde à lui, est vendu. *Bonus, cautus, optimus,*
« *venditur imperator.* »
« Oui, sans doute, quand il n'écoute que peu de

éclairer et sa conscience et sa raison. De
là l'utilité ou même la nécessité des conseils (1).

Entouré de ces conseils, soutenu par leurs
forces, guidé par leur expérience, le prince
pourra rendre la religion respectée et employer utilement ce que Bossuet nomme les
autres secours de la royauté, qui sont les
armes, les finances et la justice.

C'est avec une discrétion extrême que Bossuet rappelle qu'on voyait auprès des anciens

personnes, et ne daigne pas s'informer de ce qui
se passe. »

(1) Cf. *Mémoires de Louis XIV*, t. I, p. 149.
« Prendre conseil de différentes gens n'est pas,
comme les sots se l'imaginent, un témoignage
de faiblesse et de dépendance, mais plutôt de prudence et de solidité... Les conseils qui nous sont
donnés ne nous engagent à les suivre qu'autant
qu'ils sont raisonnables... Au lieu de partager ou
d'affaiblir notre autorité, ils nous fournissent très-
souvent les moyens de la relever. »

rois un conseil de religion (1), d'où il prend
occasion de mentionner, en passant, le précepte du sage : « Ayez toujours avec vous
un homme saint, dont l'âme revienne à la
vôtre, et qui, voyant vos chutes secrètes dans
les ténèbres, les pleure avec vous, et vous
aide à vous redresser (2). » La piété du
prince doit jaillir des sources vives de la conscience. Il importe qu'elle soit spontanée autant que sincère. Le prince, par conséquent,
évitera trois sortes de fausse piété : premièrement, la piété extérieure et par politique;
secondement, la piété forcée ou intéressée;
troisièmement, la piété mal entendue et établie où elle n'est pas (3). Bossuet condamne
donc sans réserve, en même temps que toute

(1) Bossuet, *Œuvres complètes*, t. XXV, p. 522.
— *Politique*, liv. x, art. III, 9ᵉ prop.
(2) *Id.*, *ibid.*
(3) *Id.*, *ibid.*, p. 365. — *Politique*, liv. VII,
art. IV, 9ᵉ, 10ᵉ, 11ᵉ prop.

sorte d'hypocrisie, toute espèce de supersti-
tions, et met à nu la bassesse qui croit par
les petites œuvres se racheter de l'obligation
de faire les grandes (1). Que n'a-t-il vu également que la piété véritable, qui aime à se
communiquer, exclut néanmoins toute propa-
gation violente de la foi? Par malheur, les
circonstances, les préoccupations, les préjugés de son époque obscurcissent ici ce lumineux esprit, et il tient que le prince doit
user de son autorité, peut même user de
rigueur pour détruire dans son État les
fausses religions, ajoutant d'ailleurs que la
douceur est préférable (2). Toutefois, le gé-

(1) Bossuet, *Œuvres complètes*, t. XXV, p. 369.
— *Politique*, liv. vii, art. iv, 11e prop.

(2) *Id.*, *ibid.*, p. 353.—*Politique*, liv. vii, art. iii,
10e prop. « Ceux qui ne veulent pas souffrir que le
prince use de rigueur en matière de religion, parce
que la religion doit être libre, sont dans une erreur
impie. Autrement il faudrait souffrir dans tous les

nie de Bossuet reparaît bientôt dans toute sa sereine hauteur, lorsqu'il met les rois en présence de la divine Providence. « On a beau

sujets et dans tout l'État, l'idolâtrie, le mahométisme, le judaïsme, toute fausse religion : le blasphème, l'athéisme même, et les plus grands crimes seraient les plus impunis.

« Ce n'est pourtant qu'à l'extrémité qu'il en faut venir aux rigueurs, surtout aux dernières. »

Cf. *Id.*, *ibid.*, t. XXVI, p. 350, *Lettre à M. de Basville, intendant du Languedoc* (juillet 1700). « Je conviens sans peine des droits des souverains à forcer leurs sujets errants au vrai culte, sous certaines peines. » Bossuet expose du reste combien il trouve de difficultés à obliger les protestants opiniâtres à venir à la messe. Ajoutons-le aussi. Cette doctrine du *Compelle intrare*, qu'aujourd'hui nous réputons si justement exécrable, les protestants eux-mêmes la professaient sans détour. « Je n'ai pas besoin, écrivait Bossuet, de m'expliquer sur la question, savoir si les princes chrétiens sont en droit de se servir de la puissance du glaive contre leurs sujets ennemis de l'Église et de la saine doctrine, puisqu'en ce point les protestants sont d'ac-

compasser dans son esprit tous ses discours et tous ses desseins, écrit-il excellemment, l'occasion apporte toujours je ne sais quoi d'imprévu; en sorte qu'on dit ou qu'on fait toujours plus ou moins qu'on ne pensait. Et cet endroit inconnu à l'homme dans ses propres actions, et dans ses propres démarches,

cord avec nous. Luther et Calvin ont fait des livres exprès pour établir sur ce point le droit et le devoir du magistrat. Calvin en vint à la pratique contre Servet et Valentin Gentil. Mélanchton en approuva la conduite par une lettre qu'il lui écrivit sur ce sujet. La discipline de nos réformés permet aussi le recours au bras séculier en certains cas; et on trouve parmi les articles de la discipline de Genève, que les ministres doivent déférer au magistrat les incorrigibles qui méprisent les peines spirituelles, et en particulier ceux qui enseignent de nouveaux dogmes sans distinction. — En un mot, concluait Bossuet, le droit est certain; mais la modération n'en est pas moins nécessaire. » *Œuvres complètes*, t. XIII, p. 218; *Histoire des Variations*, liv. X, 56.

c'est l'endroit secret par où Dieu agit, et le
ressort qu'il remue (1). » Que les princes ne
résistent point à ces touches secrètes. Qu'ils se
persuadent « que dans les affaires d'État principalement, nous sommes en la main de Dieu,
nous et nos discours, et toute sagesse, et la
science d'agir. Qu'ils ne parlent point de la
fortune; qu'ils ne disent pas : C'est mon
étoile, c'est mon ascendant, c'est l'astre puissant et bénin qui a éclairé ma nativité, qui met
tous mes ennemis à mes pieds (2). » Il n'y
a dans le monde ni fortune, ni astre dominant. Rien ne domine que Dieu. Dieu seul
fera prospérer leurs desseins, triompher leurs
armes, fleurir leur administration, respecter
leur autorité.

On ne peut évidemment s'attendre, en ma-

(1) Bossuet, *Œuvres complètes*, t. XXV, p. 394.
— *Politique*, liv. VII, art. VI, 7ᵉ prop.
(2) *Id.*, *ibid.*, p. 393.— *Politique*, liv. VII, art. VI,
5ᵉ prop.

tière d'armes et de finances, à rencontrer chez Bossuet que des lieux communs. Et en effet, sur de tels sujets, sa *Politique* ne renferme pas autre chose. Ainsi, le pieux évêque réprouve, comme il le devait, les injustes motifs de la guerre : les conquêtes ambitieuses, le pillage, la jalousie, la gloire des armes. Il trouve même contre l'orgueil des conquérants des paroles qui remettent en mémoire toute l'éloquence des *Oraisons funèbres*. « Pour foudroyer d'un seul mot ceux qui cherchent la fausse gloire, ils ont reçu leur récompense. Ils ont voulu qu'on parlât d'eux ; ils sont contents ; on en parle par tout l'univers ; ils jouissent de ce bruit confus dont ils étaient enivrés ; et vains qu'ils étaient ils ont reçu une récompense aussi vaine que leurs projets (1). » Sans

(1) Bossuet, *Œuvres complètes*, p. 441. — *Politique*, liv. x, art. ii, 11ᵉ prop. Cf. *id.*, *ibid.*, t. VI, p. 419. *Traité de la Concupiscence*, ch. xix. « Que désirait ce grand conquérant, qui renversa le trône

doute, « il n'y a rien de plus flatteur que la gloire militaire ; elle décide souvent d'un seul coup des choses humaines, et semble avoir une sorte de toute-puissance, en forçant les événements ; et c'est pourquoi elle tente si

le plus auguste de l'Asie et de tout le monde, sinon de faire parler de lui, c'est-à-dire d'avoir une grande gloire parmi les hommes?... Loin de refuser la gloire à son ambition, Dieu l'en a comblé ; il l'en a rassasié, pour ainsi parler, jusqu'à la gorge ; il l'en a enivré ; et il en a bu plus que sa tête n'était capable d'en porter. O Dieu ! quel bien est celui que vous prodiguez aux hommes que vous avez livrés à eux-mêmes, et que vous avez repoussés de votre royaume ! — O vérité, ô justice, et sagesse éternelle, qui pesez tout dans votre balance et donnez le prix à tout bien, pour petit qu'il soit, vous avez préparé une récompense convenable à cette telle quelle industrie qui paraît dans les actions de ceux qu'on nomme héros... Vous les avez récompensés et punis tout ensemble : vous les avez repus de vent : enflés par la gloire, vous les en avez, pour ainsi dire, crevés. »

fort les rois de la terre (1). » Mais Dieu aime les pacifiques.

Bossuet néanmoins reconnaît, en certains cas, de justes motifs de faire la guerre; par exemple, ce qui, du reste, est tomber un peu dans la tautologie : les actes d'hostilité injuste, le refus du passage demandé à des conditions équitables, le droit des gens violé en la personne des ambassadeurs (2). Pénétré qu'il est, par une étude assidue de l'Écriture, des maximes intolérantes et parfois sauvages du peuple juif, il va même jusqu'à articuler, quoique en des termes fort vagues, qu'il y a des nations impies auxquelles Dieu ordonne de faire la guerre (3).

(1) Bossuet, *Œuvres complètes*, t. XIV, p. 437. — *Politique*, liv. IX, art. II, 7ᵉ prop.

(2) *Id.*, *ibid.*, p. 431. — *Politique*, liv. XI, art. 1ᵉʳ, 7ᵉ prop.

(3) *Id.*, *ibid.*, p. 428. — *Politique*, liv. IX, art. 1ᵉʳ, 2ᵉ prop.

De telles propositions ne laissent pas, assurément, que de causer une triste surprise. On
s'étonne aussi, à quelques égards, de l'enthousiasme oratoire avec lequel Bossuet parle des
troupes entretenues, si nécessaires à un État,
« de ces corps immortels, qui, en se renouve-
lant dans le même esprit qu'ils ont été formés,
rendent éternelles leur fidélité et leur valeur (1); » ne soupçonnant pas que les armées permanentes puissent offrir le moindre
inconvénient, ne se doutant pas surtout qu'un
des progrès de la civilisation consisterait à
substituer peu à peu aux déploiements de
cette force violente l'empire moral de l'esprit
public et des lois.

Bossuet traite des finances comme il a
traité des armes, très-faiblement. Ce n'est
effectivement que répéter des généralités stériles ou même contestables, que de rapporter

(1) Bossuet, *Œuvres complètes*, p. 481. — *Politique*, liv. IX, art. VI, 12ᵉ prop.

les sources des richesses dans un État : premièrement au commerce et à la navigation ; secondement au domaine du prince ; troisièmement aux tributs que payent les rois et les nations vaincues ; quatrièmement aux impôts. C'est même méconnaître une des conditions organiques de l'existence des peuples, que de laisser, comme il le fait, les impôts à l'arbitraire du prince, en lui conseillant simplement de les modérer et de ne point accabler le peuple (1). Et pourtant, constatons que Bossuet, oubliant

(1) Bossuet, *Œuvres complètes*, t. XXV, p. 487. — *Politique*, liv. x, art. 1er, 7e prop. — Cf. Claude Joly, *Recueil, etc.* p. 423 : « *Que les Roys n'ont pas droit de mettre des impôts sur leurs peuples sans leur consentement*. Ch. XI. « C'est une fausseté bien dangereuse que l'intérêt des ministres avares et ambitieux a voulu établir et insinuer aux Rois : qu'ils sont maîtres absolus des vies et des biens de leurs sujets ; et par conséquent que tout ce qui nous appartient est à eux, et qu'ils ont droit de le prendre, et de le donner à qui ils veulent, et appliquer où bon leur semble. »

un moment sa théorie de la propriété, donne
une juste idée de l'impôt, quand il le définit :
« Cette partie que le peuple cède de ses
biens, pour en assurer le reste, avec sa liberté et son repos (1). » D'autre part, il distingue judicieusement les dépenses de nécessité et les dépenses de splendeur et de
dignité (2). Enfin, il touche aux principes
fondamentaux de l'économie politique et se
montre disciple intelligent des anciens, nom-
mément d'Aristote et de Platon, qu'il com-
plète par les données du Christianisme, lorsqu'il enseigne que les véritables richesses
d'un royaume ne sont point uniquement la
fécondité de la terre et celle des animaux,
mais, avant tout, les hommes et le travail (3).

(1) Bossuet, *Œuvres complètes*, t. XXV, p. 486.
— *Politique*, liv. x, art. 1ᵉʳ, 6ᵉ prop.

(2) *Id., ibid.*, p. 481. — *Politique*, liv. x, art. 1ᵉʳ,
1ʳᵉ prop.

(3) *Id., ibid.*, p. 490. — *Politique*, liv. x, art. 1ᵉʳ,

« Sous un prince sage, l'oisiveté doit donc être odieuse; et on ne la doit point laisser dans la jouissance de son injuste repos. C'est elle qui corrompt les mœurs et fait naître les brigandages. Elle produit aussi les mendiants, autre race qu'il faut bannir d'un royaume bien policé... On ne doit pas les compter parmi les citoyens, parce qu'ils sont à charge à l'État, eux et leurs enfants. Mais, remarque Bossuet, pour ôter la mendicité, il faut trouver des moyens contre l'indigence (1). »

10ᵉ et 11ᵉ prop. Voyez dans mon *Essai sur la philosophie de Bossuet*, p. 245 et suiv., (*Fragments inédits*) *des extraits des divers traités de morale d'Aristote*, transcrits par Bossuet, et que j'ai, pour la première fois, publiés en·les traduisant.

(1) Bossuet, *Œuvres complètes*, t. XXV, p. 491. — *Politique*, liv. x, art. 1ᵉʳ, 12ᵉ prop. — Cf. Platon, *Des Lois*, liv. ix. « Qu'il n'y ait aucun mendiant dans notre État; et si quelqu'un entreprend de mendier, en cherchant à gagner sa vie par l'importunité de ses prières, que les agoranomes le chas-

D'un autre côté, il y a dans le gouvernement d'un État une partie plus importante encore que le raisonnable emploi des armes ou la bonne gestion des finances. C'est l'administration de la justice. Aussi l'évêque de Meaux n'a-t-il garde d'omettre ce point capital. Il avoue « qu'il ne suffit pas que le prince ou que le magistrat souverain règle les cas qui surviennent suivant l'occurrence; il faut établir des règles générales de conduite, afin que le gouvernement soit constant

sent de la place publique, les astynomes de la cité, et que les agronomes l'expulsent au delà des frontières, afin que le pays soit entièrement purgé de cette espèce d'animal. » — *Codicille d'or,* p. 99. « Platon estimait qu'il fallait chasser hors de sa république tous les mendiants. Que s'il y a des personnes invalides par leur vieillesse ou maladie, qui n'ont point de parents qui les puissent nourrir, il faut les retirer dans des hôpitaux publics. Car celui qui est content de peu de chose n'a pas besoin de mendier. »

et uniforme ; et c'est ce qu'on appelle lois (1).»

Or, c'est entre les mains du prince que Bossuet, conséquent ici avec ses propres théories, concentre toute la puissance législative.

Il est vrai que « pour entendre parfaitement la nature de la loi, il faut remarquer que tous ceux qui en ont bien parlé l'ont regardée, dans son origine, comme un pacte et un traité solennel, par lequel les hommes conviennent ensemble, par l'autorité des princes, de ce qui est nécessaire pour former leur société (2). »

Toutefois, « on ne veut pas dire par là que l'autorité des lois dépende du consentement et acquiescement des peuples ; mais seulement que le prince, qui d'ailleurs par son caractère n'a d'autre intérêt que celui du pu-

(1) Bossuet, *Œuvres complètes*, t. XXV, p. 182. — *Politique*, liv. I, art. IV, 1re prop.

(2) *Id.*, *ibid.*, p. 184. — *Politique*, liv. I, art. IV, 6e prop.

blic, est assisté des plus sages têtes de la nation, et appuyé par l'expérience des siècles passés (1). »

De la sorte, établissement de l'impôt, confection des lois, tous les ressorts de la vie sociale dépendent du prince seul. Car, de même que c'est le prince seul qui finalement fait la loi, c'est aussi, en somme, le prince seul qui l'applique, immédiatement ou par délégation. Les juges sont sous lui, et les affaires difficiles lui sont réservées.

Bossuet s'empresse d'ailleurs d'ajouter que le prince qui personnifie et distribue la justice doit la faire régner d'abord dans sa famille (2), afin qu'elle règne dans l'État, et l'observer lui-même le premier, afin qu'elle soit observée par ses sujets. Représentant impassible

(1) Bossuet, *Œuvres complètes*, t. XXV, p. 184. — *Politique*, liv. I, art. IV, 6ᵉ prop.

(2) *Id.*, *ibid.*, p. 523. — *Politique*, liv. X, art. IV, 1ʳᵉ prop.

du juste, « le prince ne se détourne ni à
droite, ni à gauche (1), sans craindre le
grand non plus que le petit (2). C'est pour
cela que Dieu l'a mis au faîte des choses humaines (3). » Le prince, qui exerce la justice
en réprimant et en punissant, est encore tenu
à une autre sorte de justice, qui est la récompense. « Prince, vous la devez, écrit coura-
geusement Bossuet, témoin indigné des con-
fiscations qui trop souvent rémunéraient, de
son temps, les services ; vous la devez,
mais ne payez pas cette dette aux dépens

(1) Bossuet, *Œuvres complètes*, t. XXV, p. 425.
— *Politique*, liv. VIII, art. v, 2ᵉ prop. « L'esprit
du prince doit être une glace nette et unie, où
tout ce qui vient, de quelque côté que ce soit,
est représenté comme il est, selon la vérité. Il
est dans un parfait équilibre. »

(2) *Id.*, *ibid.*, p. 403. — *Politique*, liv. VIII,
art. 1ᵉʳ, 1ʳᵉ prop.

(3) *Id.*, *ibid.*, p. 425. — *Politique*, liv. VIII,
art. v, 2ᵉ prop.

d'autrui (1). » Par-dessus tout, le prince
gardera religieusement son serment. En effet,
« les princes qui manquent à leurs serments,
autant qu'il est en eux, rendent vain ce qu'il
y a de plus ferme parmi les hommes, et en
même temps, rendent impossible la société
et le repos du genre humain. Par où ils font
Dieu et les hommes leurs justes et irréconci-
liables ennemis, puisque pour les concilier, il

(1) Bossuet, *Œuvres complètes*, t. XXV, p. 424.
— *Politique*, liv. VIII, art. v, 1ʳᵉ prop. — Cf. *Codicille d'or*, p. 89. « Il ne faut pas louer légèrement les
princes de toute sorte de libéralité. Car il y en a qui
ôtent par violence aux bons leur bien pour en faire
largesse à des bouffons, à des délateurs, à des ministres infâmes de leurs voluptés. Mais la libéralité
que le prince doit exercer ne doit être dommageable
ni injurieuse à personne. Car de dépouiller les uns
pour enrichir les autres, d'abaisser ceux-ci pour
élever ceux-là, ce n'est pas tant un bénéfice qu'un
double maléfice, principalement si ce qui est ôté
aux pauvres est donné à des gens indignes. »

ne reste plus rien au-dessus de ce qu'ils ont rendu nul (1). »

Mais comment le prince se montrerait-il, à tous les degrés, fidèle observateur de la justice, s'il ne s'est habitué de très-bonne heure à maîtriser ses passions?

Bossuet, qui se complaît à imaginer du prince un idéal accompli, qui le veut d'un dévouement sans bornes, d'une bonté qui s'étende à tout l'État (2), d'une égalité d'hu-

(1) Bossuet, *Œuvres complètes*, t. XXV, p. 384. — *Politique*, liv. VII, art. v, 17e prop. — Cf. *Mémoires de Louis XIV*, t. II, p. 31. « Pour parvenir à être bon et grand prince, il faut auparavant être tenu pour très-honnête homme... Sans la bonne foi on ne peut être tenu pour honnête homme, et on ne peut être du nombre des grands princes sans être du nombre des honnêtes gens... » Cf. Claude Joly, *Recueil, etc.* p. 501 : « Si c'est une chose royale de maintenir religieusement sa parole, c'est une obligation particulière d'un Roy de France de ne s'en départir jamais. »

(2) *Id., ibid.*, p. 219.—*Politique*, liv. III, art. III,

meur que rien n'altère, non pas même l'ingratitude (1); Bossuet, qui va jusqu'à s'occuper de la santé du prince (2), à plus forte raison s'efforce de le prémunir contre le trouble des

1re prop. — Cf. *Mémoires de Louis XIV*, t. I, p. 250. « Chaque profession contribue à sa manière au soutien de la monarchie. — C'est pourquoi, nous devons être le père commun de toutes, prendre soin de les porter toutes, s'il se peut, à la perfection qui leur est convenable, et nous tenir persuadés que celle même que nous voudrions gratifier avec injustice n'en aura ni plus d'affection ni plus d'estime pour nous, pendant que les autres tomberont avec raison dans la plainte et le murmure. »

(1) Bossuet, *Œuvres complètes*, t. XXV, p. 226. — *Politique*, liv. III, art. III, 7e et 8e prop. Cf. *Mémoires de Louis XIV*, t. I, p. 115. « Il est essentiel aux princes d'être maîtres de leurs ressentiments... Exerçant ici-bas une fonction toute divine, nous devons paraître incapables des agitations qui pourraient la ravaler. »

(2) *Id., ibid.*, p. 526. — *Politique*, liv. X, art. V, 2e prop.

13.

passions. Que le prince se laisse emporter par ses passions; et il ne saura plus à propos parler et se taire (1); il sera incapable de se résoudre et de résoudre par soi-même (2); les leçons de l'expérience et les conseils du temps seront perdus pour lui. Il se trouvera aussi peu avancé dans un grand âge, qu'il l'était dans son enfance. Ses maximes seront outrées, et les maximes outrées perdent

(1) Bossuet, *Œuvres complètes*, t. XXV, p. 227. — *Politique*, liv. v, art. 1er, 16e prop. — Cf. *Mémoires de Louis XIV*, t. II, p. 65. « L'on ne peut douter que l'une des plus dangereuses habitudes que puissent former les princes ne soit celle de beaucoup parler, puisqu'il est constant que le succès de leurs plus grands desseins dépend ordinairement du secret, et que cependant tous ceux qui les environnent font de continuels efforts pour pénétrer leurs résolutions, comme celles de qui dépendent également et le sort des particuliers et la fortune publique. »

(2) *Id.*, *ibid.*, p. 296. — *Politique*, liv. v, art. ii, 8e prop.

tout (1). En un mot, « qui n'est pas maître de ses passions n'a rien de fort, car il est faible dans son principe (2). »

Et cependant, quel aliment n'est-ce point aux passions que l'absolu pouvoir? Ou qui pourrait méconnaître les funestes effets de la tentation de la puissance : « l'oubli de Dieu, l'aveuglement du cœur et l'attachement à sa volonté; d'où suivent des raffinements d'orgueil et de jalousie et un empire des plaisirs qui n'a point de bornes (3)? Non, il n'y a point de tentation égale à celle de la puissance, ni rien de plus difficile que de se refuser quelque chose, quand les hommes vous accordent tout et qu'ils ne songent qu'à pré-

(1) Bossuet, *Œuvres complètes*, t. XXV, p. 252. — *Politique*, liv. IV, art. II, 2ᵉ prop.

(2) *Id.*, *ibid.*, p. 253. — *Politique*, liv. IV, art. II, 3ᵉ prop.

(3) *Id.*, *ibid.*, p. 530. — *Politique*, liv. X, art. VI, 1ʳᵉ prop.

venir, ou même à exciter vos désirs (1). »

Où donc trouver pour le prince un frein?

« Il y en a qui, touchés de ces inconvénients, cherchent des barrières à la puissance royale; ce qu'ils proposent comme utile, non-seulement aux peuples, mais encore aux rois, dont l'empire est plus durable quand il est réglé (2). »

Tantôt Bossuet semble se résigner à des maux qui lui paraissent inséparables du pouvoir absolu. Et alors même il estime oiseux de s'enquérir si quelque autre forme de gouvernement ne serait point préférable. Quel est, en effet, l'établissement humain qui soit exempt d'inconvénients (3)?

(1) Bossuet, *Œuvres complètes*, t. XXV, p. 530. — *Politique*, liv. X, art. vi, 1re prop.

(2) *Id.*, *ibid.*, p. 530. — *Politique*, liv. x, art. vi, 2e prop.

(3) *Id.*, *ibid.*, p. 531. — *Politique*, liv. x, art. vi, 2e prop.

Tantôt, au contraire, on dirait qu'il se résout
à chercher dans le droit commun une bar-
rière aux emportements des rois (1). Il déclare même avec le Saint-Esprit les mauvais
princes indignes de vivre (2), et finit par les
menacer « de l'esprit de révolte que Dieu
envoie quand il veut renverser les trônes.
Car, sans autoriser les révoltes, Dieu les
permet et punit les crimes par d'autres
crimes qu'il châtie aussi en son temps,
toujours terrible et toujours juste (3). »

Néanmoins la logique de Bossuet arrête
promptement sa raison, et il revient bientôt à
la théorie de l'inviolabilité absolue, laquelle
reste comme inséparable de la théorie du pouvoir absolu. « Que si effectivement le peuple

(1) Bossuet, *Œuvres complètes*, t. XXV, p. 169.
— *Politique*, liv. I, art. 1er, 3e prop.

(2) *Id.*, *ibid.*, p. 236. — *Politique*, liv. IV, art. III,
14e prop.

(3) *Id.*, *ibid.*, p. 391. — *Politique*, liv. VII, art. VI,
11e prop.

impatient se remue et ne veut pas se tenir tranquille sous l'autorité royale, le feu de la division se mettra dans l'État et consumera le buisson avec les autres arbres, c'est-à-dire le roi et les peuples; les cèdres du Liban seront brûlés; avec la grande puissance qui est la royale, les autres puissances seront renversées, et tout l'État ne sera plus qu'une même cendre (1). »

En conséquence, Bossuet se remet à professer imperturbablement « que la seule défense des particuliers contre la puissance publique doit être leur innocence. Le prince peut se redresser lui-même, quand il connaît qu'il a mal fait; mais contre son autorité, il ne peut y avoir de remède que dans son autorité (2). » Si « le prince est soumis aux lois,

(1) Bossuet, *Œuvres complètes*, t. XXV, p. 242. — *Politique*, liv. IV, art. 1er, 5e prop.

(2) *Id.*, *ibid.*, p. 238. — *Politique*, liv. IV, art. 1, 2e prop. — Cf. *Mémoires de Louis XIV*, t. II, p. 445.

ce n'est pas quant à la puissance coactive, mais quant à la puissance directive (1). » Le

« Il y a toujours plus de mal pour le public à contrôler qu'à supporter même le mauvais gouvernement des rois, dont Dieu seul est le juge. »

(I) Bossuet, *Œuvres complètes*, t. XXV, p. 241. — *Politique*, liv. IV, art. 1ᵉʳ, 4ᵉ prop. Cf. Claude Joly, *Recueil, etc.*, p. 130 : *Que les Roys sont établis pour faire justice et sont sujets aux lois.* Ch. v. « Il semble à quelques-uns, mal informés de la condition des souverains, que les peuples ne sont faits que pour les rois; quoique au contraire il soit véritable que les rois n'ont été faits que pour les peuples. Car de tout temps il y a eu des peuples sans Roys, mais jamais il n'y eut de Roys sans peuples... C'est une chose tyrannique, selon Platon, de dire qu'un prince n'est pas sujet aux lois. Et l'on peut encore ajouter à cela la pensée de ce grand philosophe, que la république est heureuse en laquelle le prince est obéi d'un chacun, lui obéit à la loi, et la loi est droite, et regardant au bien public... Pas un peuple n'a jamais eu l'intention de se soumettre purement et simplement, et sans aucune réserve, à la discrétion d'un Roy; mais seulement sous condition

prince ne perd pas même par ses crimes sa qualité d'oint du Seigneur (1).

Toutefois, les peuples resteront-ils entièrement à la merci de l'avarice et de la cruauté du prince ? Et le prince lui-même ne se verra-t-il en aucune façon protégé contre ses propres égarements ?

Bossuet, non content d'avertir les princes qu'ils ne sont point d'un autre métal que les autres hommes, appelle à son aide, avec le

et à la charge que le Roy gouvernerait suivant la disposition de la loi, qui est un contrat synallagmatique, lequel se compose de deux pièces également essentielles, savoir est, de la proposition qui en est faite de la part du Roy ou du peuple d'une part, et de l'acceptation libre de l'autre. Dont il s'ensuit que le Roy n'est point maître absolu de cette loi, pour la détruire et la ruiner quand bon lui semble, puisque par le contrat le peuple n'est point soumis à lui, qu'à condition de la conserver et entretenir. »

(1) Bossuet, *Œuvres complètes*, t. XXV, p. 327. — *Politique*, liv. VI, art. II, 4ᵉ prop.

jugement de la postérité, le jugement de Dieu.

« O prince ! s'écrie-t-il, regardez donc la postérité ; vous mourrez, mais votre État doit être immortel (1). »

Ce n'est pas tout. Après avoir affirmé « qu'il n'y a que Dieu qui puisse juger des jugements des princes et de leurs personnes (2), » il déclare que « moins un prince a de comptes à rendre aux hommes, plus il a de comptes à rendre à Dieu. » Car « tous les juges et même les plus souverains, que Dieu pour cette raison appelle des Dieux, sont, comme les autres, examinés et corrigés par un plus grand juge ; avec cette seule différence que la correction se fait d'une manière cachée (3). » « Tout empire est sous un autre

(1) Bossuet, *Œuvres complètes*, t. XXV, p. 279. — *Politique*, liv. v, art. 1er, 17e prop.

(2) *Id., ibid.*, p. 238. — *Politique*, liv. iv, art. 1er, 2e prop.

(3) *Id., ibid.*, p. 405. — *Politique*, liv. viii, art. 1er, 4e prop.

supérieur et inévitable qui est l'empire de Dieu.
Par la mortalité qui se fait sentir dans le commencement et dans la fin, Dieu confond d'ailleurs le prince et le sujet, et la fragile distinction
qui est entre eux est trop superficielle et trop
passagère pour mériter d'être comptée (1). »

Et Bossuet, se montant au son de l'éloquence biblique, ne craint pas d'adresser aux
rois cette brûlante apostrophe :

« Je l'ai dit, vous êtes des Dieux, c'est-à-
dire vous avez dans votre autorité, vous
portez sur votre front un caractère divin.
Vous êtes les enfants du Très-Haut; c'est lui
qui a établi votre puissance, pour le bien du
genre humain. Mais, ô Dieux de chair et de
sang, ô Dieux de boue et de poussière, vous
mourrez comme des hommes, vous tombe-
rez comme les grands. La grandeur sépare

(1) Bossuet, *Œuvres complètes*, t. XXV, p. 531.
— *Politique*, liv. x, art. vi, 3ᵉ et 4ᵉ prop.

les hommes pour un peu de temps; une chute commune à la fin les égale tous (1). »

Par conséquent, le prince absolu, le prince qui ne pense que de grandes choses parce qu'il vit dans l'attente des siècles futurs, et qui ne cherche que le bien de l'État, parce que son propre bien y est renfermé et qu'il agit sous l'œil d'un juge qu'on ne trompe pas; mais enfin le prince qui ne doit de comptes qu'à la postérité et à sa conscience, c'est-à-dire à Dieu (2); voilà l'image du prince, chrétienne tout ensemble et païenne, éblouissante à la fois et formidable, que nous propose Bossuet et qui résume les traits généraux de sa *Politique*.

(1) Bossuet, *Œuvres complètes*, p. 312. — *Politique*, liv. v, art. vi, 1re prop.

(2) Cf. *Mémoires de Louis XIV*, t. II, p. 303. « Préférez, mon fils, ce bien seul (la réputation) à tous vos autres intérêts, et songez que les rois et les princes qui sont nés pour posséder tout et pour commander à tout ne doivent être assujettis qu'à Dieu et à la renommée. »

VII

Si maintenant nous jetons un regard d'ensemble sur la politique de Bossuet, il ne sera sans doute pas téméraire d'affirmer, il nous sera même impossible de ne pas conclure que cette politique est caduque dans ses fondements; car elle a pour base, en définitive, le fait et non le droit.

Au fait des passions humaines Bossuet oppose comme un contre-poids et une sauvegarde le fait de l'intérêt.

C'est de l'intérêt qu'il dérive uniquement l'origine du pouvoir.

C'est en invoquant l'intérêt qu'il justifie ses préférences pour cette forme de gouvernement qui s'appelle la monarchie.

C'est au nom de l'intérêt qu'il érige la monarchie elle-même en un absolutisme qu'il a ensuite une peine extrême, disons mieux, qu'il ne parvient pas à distinguer foncièrement du despotisme.

Observateur attentif, mais observateur préoccupé de la nature humaine, il se montre surtout frappé de ses infirmités et ne voit guère dans l'âme que les grandeurs attristantes d'un ouvrage ruineux. Au milieu de nos misères, il démêle mal le principe inad-missible de la liberté; principe, il est vrai, de tout désordre, mais aussi principe de tout ordre véritable, parce qu'il reste la racine vivante du droit, sans lequel l'ordre n'est pas.

C'est pourquoi, toutes les propositions qu'il avance sur l'essence divine du droit, sur la légitimité des gouvernements dans lesquels s'incarne le droit, ou même sur leur quasi-divinité, enfin sur l'obéissance qui est due aux princes, comme aux représentants de Dieu même; toutes ces propositions viciées deviennent, à suivre son langage, presque autant d'équivoques ou de non-sens.

Certes, le droit est divin; mais divine aussi est la liberté. Ces deux notions, qui coexistent au sein de l'âme humaine, y sont insépara-bles. En nous imposant des devoirs, elles assurent notre dignité, et ne nous rattachent

à Dieu que parce qu'elles nous élèvent infiniment au-dessus des bêtes. Oublier ou laisser dans l'ombre la liberté, c'est, qu'on se
l'avoue ou qu'on l'ignore, abolir ou altérer
l'idée même du droit. Le droit ne règne plus
chez un peuple, quand ce peuple est assimilé
à un troupeau, qu'il s'agit sinplement de
paître.

A coup sûr, tout gouvernement qui représente le droit est légitime. Une telle énon-
ciation n'est même guère qu'une proposition
tautologique. Et encore, il est rigoureusement
exact d'affirmer qu'un gouvernement qui est
dit légitime parce qu'il exprime le droit, est
aussi, parce qu'il exprime le droit, d'institution divine. Mais il ne s'ensuit pas que tout
gouvernement, parce qu'il est, soit légitime,
non plus que, parce qu'il est, il soit institué
de Dieu. Combien de fois en effet ne serait-
ce point ainsi introniser non le droit, mais la
force?

Certainement enfin, une nation sage obéira fidèlement au gouvernement établi et trouvera dans cette obéissance même le gage de sa prospérité. Néanmoins tout pacte entre une nation et son gouvernement est-il donc chimérique? Et si tout pacte, au lieu de fonder le droit le présuppose, un pacte ne crée-t-il pas des devoirs et des droits réciproques pour les contractants? Le prince sera-t-il pour une nation un Dalaï-Lama, une espèce de pontife-roi, que Dieu aurait directement établi sur elle, on ne sait quand, on ne sait pourquoi, on ne sait comment ; et non point un magistrat responsable qu'elle aura elle-même élu? D'autre part, en se donnant un roi, a-t-elle eu l'intention de se donner un maître? Afin de s'assurer une protection du droit, a-t-elle voulu, a-t-elle pu consentir l'abolition du droit? S'est-elle abdiquée de telle sorte qu'elle n'ait plus qu'à obéir, alors même que le droit serait audacieusement violé?

Ou même, puisqu'un gouvernement n'est, après tout, que l'expression du droit, cette expression n'est-elle pas susceptible, avec le progrès du temps, qui d'ordinaire amène avec soi tant d'autres progrès, d'être indéfiniment améliorée? Car n'y a-t-il point, je ne dis pas une souveraineté du peuple, je dis une souveraineté nationale, qui ne peut, en aucun cas, il est vrai, prévaloir contre le droit, mais qui reste juge et maîtresse des formes par où le droit sera le plus efficacement, suivant l'occurrence, exprimé et garanti?

Ces idées, que suffit à suggérer la simple raison et qui n'en sont pas moins l'âme de toute politique vraiment humaine, se trouvent à peu près complétement méconnues par Bossuet. Phénomène étrange et pourtant incontestable! Après avoir assis les gouvernements sur la base instable des faits, Bossuet, et c'est là le second vice radical de sa politique, prétend les pétrifier, quels qu'ils soient, bons ou mauvais, excellents ou barbares et odieux, dans une fixité invariable. Tandis que les circonstances ne sont que des accidents qui ne font que modifier les formes des gouvernements, il rapporte aux circonstances et non point à la nature de l'homme l'essence même des gouvernements. Tandis qu'il y a d'heureux changements qui sont des manifestations de plus en plus éclatantes de l'ordre, il ne voit dans tout changement qu'un désordre et un ébranlement. Tandis que les peuples, aussi bien que les individus, se trouvent nécessairement soumis aux lois de la vie et de la mort, aux lois de la vie qui sont les lois mêmes du progrès, aux lois de la mort qui sont les lois mêmes d'une décadence irréparable, il affecte de les immobiliser, et, pour prévenir toute décadence, rend impossible tout progrès. Le présent s'offre, à ses yeux, en quelque manière, sans les préparations diversifiées du passé,

comme l'avenir ne lui semble devoir être que
la répétition et non pas le développement du
présent. Et de même que sa pensée s'arrête
à un point unique du temps, elle se concentre,
pour ainsi parler, sur un point unique de l'espace. Insoucieux des destinées des autres
peuples, parce qu'il ne comprend pas ou qu'il
oublie qu'à des degrés différents les destinées
des peuples restent solidaires, ce n'est point
une politique générale qu'il expose, mais une
politique exclusivement appropriée à la nation
française. Cette exposition, qui manque de
précision et de critique, se réduit, de plus, à
une perpétuelle apologie. C'est la monarchie
telle qu'elle est, on dirait presque c'est le
prince tel qu'il est, que Bossuet célèbre, qu'il
voudrait et qu'il espère perpétuer. Les plaies
de cette monarchie, qui évidemment ne peuvent toutes lui échapper, les faiblesses de ce
prince qui lui sont connues mieux qu'à tout
autre, lui apparaissent comme autant d'infir-

mités inséparables des choses humaines. Offusqué par le spectacle d'une réalité toujours défectueuse, ce sublime esprit ne soupçonne pas d'idéal plus pur ni plus relevé.

Du reste, on comprendrait mal comment Bossuet a été conduit à préconiser un système d'immobilité, si on ne remarquait, et c'est là le troisième vice essentiel de sa politique, qu'il a transporté à la théorie du gouvernement les principes immuables et les procédés dogmatiques de la théologie. Disciple assidu tour à tour de saint Thomas et de saint Augustin, lorsqu'il s'agit de la loi, du droit, de l'État, c'est moins à l'Ange de l'École qu'à l'évêque d'Hippone qu'il demande ses inspirations (1). De la sorte, tandis qu'il

(1) Cf. Le Dieu, *Journal*, t. I, p. 177, 179. « 24 mars 1701. — M. de Meaux est à présent fort appliqué à la lecture des *Lettres* de saint Augustin, par rapport à la *Politique*, et il a toujours la Sainte Écriture devant les yeux pour le

relève, en politique, et d'Aristote et surtout de Platon (1), d'un côté, il tend comme Platon, le maître d'Augustin, à confondre la morale et la politique, et de l'autre, à identifier, comme saint Augustin lui-même, la politique et la religion. L'idée que saint Augustin se faisait et ne pouvait guère ne pas se faire de la politique au quatrième et au cinquième siècle est encore l'idée qu'au dix-septième siècle en conçoit Bossuet (2). Non plus que saint Augustin, il ne

même sujet. — 31 mars 1701. — M. de Meaux médite continuellement la Bible et saint Augustin, par rapport à sa *Politique*, qu'il a aussi toujours devant les yeux avec ces livres. »

(1) Voyez *Extrait de Platon*, par M. l'abbé Fleury; Paris, 1698, in-18. — Nul doute que Fleury, un des familiers de Bossuet et sous-précepteur des enfants de France, n'ait rédigé cet extrait pour les princes ses élèves et comme sous les yeux de l'évêque de Meaux. — « Ce que j'ai appris du style, écrivait Bossuet, je le tiens... de Platon, etc. » Cf. M. Floquet, *Études sur la vie de Bossuet*, t. II, p. 515.

(2) Voyez mon ouvrage sur *La Philosophie de*

sépare pas l'Église de l'État, et non plus que lui
ne distingue point les maximes par lesquelles
l'Église et l'État doivent se gouverner. Enfin,
ce qui lui est propre, ou du moins ce qui est
propre à son temps, il en vient à chercher de
toutes pièces dans les Écritures le type d'un
gouvernement accompli, et n'hésitant pas à
considérer la politique qui a présidé aux destinées du peuple juif comme dictée directement et en tous points par le Saint-Esprit, il
n'hésite pas davantage à proposer cette politique à l'étroite imitation de tous les peuples.
S'en écarter, ce serait, à son sens, déroger à
une règle qui est immuable, parce qu'elle est
divine. La France, en particulier, fixée qu'elle
est heureusement dans la monarchie absolue,
ne saurait sous peine d'impiété modifier un
régime qui est la forme de gouvernement par

saint Augustin. Paris, 1866, 2 v. in-8; t. II,
p. 398, liv. II, ch. III, *Discussion de la Philosophie
de saint Augustin*, VII. *De la Politique*,

excellence ; et le prince qui représente ce régime aura atteint à la perfection quand il sera parvenu à se modeler sur un David ou sur un Salomon ! L'énormité de pareilles assertions n'a point arrêté Bossuet, et d'aussi insoutenables paradoxes ont triomphé, à l'égal de certitudes, dans une des intelligences les plus saines qui aient jamais été.

En un mot, théoricien du fait beaucoup plus que du droit, apôtre inflexible de l'immobilité, défenseur opiniâtre du pouvoir absolu (1), on est porté à penser que Bossuet, qui le cède, en politique, à quelques-uns de ses contemporains, ne s'y montre guère supérieur aux spéculatifs les plus romanesques ou les plus décriés de son temps. Inférieur à Locke, dépassé par Fénelon, il semble qu'à

(1) Cf. M. de Barante, *Tableau de la littérature française au dix-huitième siècle;* Paris, 1845, in-8, p. 39. « Bossuet fit retentir dans la chaire toutes les maximes qui établissent le pouvoir absolu des

travers des voies détournées il se rencontre
avec Spinoza, et aille de pair avec Hobbes.
Toutefois une semblable appréciation manquerait de justice.

Sans doute, Bossuet publiciste est très-
inférieur à Locke. Celui-ci est l'homme de la
raison et de l'avenir. Celui-là est l'homme de
la révélation et de la tradition. La politique
du premier est surtout un monument historique; les écrits politiques du second ont servi
à l'éducation des deux mondes. C'est de
Locke que procèdent directement, parmi
nous, non pas seulement Rousseau, qui dé-
nature les principes du philosophe anglais en
les exagérant, mais Montesquieu, dont l'a-
nalyse savante, quoique captive (1), a vraiment dégagé l'esprit des lois.

rois et des ministres de la religion. Il eut en mépris les opinions et les volontés des hommes, et il
voulut les soumettre entièrement au joug. »

(1) Qui n'a lu maintes fois, sans l'entendre, l'épi-

Néanmoins, comment ne pas tenir compte de la différence des circonstances et des milieux où furent placés l'auteur de *la Politique tirée de l'Écriture* et l'auteur du *Traité sur le Gouvernement civil* (1690). Ne rappelons qu'un fait et qu'une date. Quelle lumière n'avait-ce pas été pour Locke que la révolution de 1688! Quant à Bossuet, que devait-il voir autre chose dans un pareil événement qu'une ténébreuse rébellion?

Sans doute aussi, au dix-septième siècle, Bossuet n'appartient point à cette famille d'esprits remuants, compatissants et ardents, qui, à côté des Bois-Guillebert et des Saint-Pierre, comprend des Vauban et des Fénelon. Mais reconnaissons qu'il ne compte pas

graphe de l'Esprit des Lois : « *Prolem, sine matre creatam?* » Je tiens d'un écrivain très-digne de foi, à qui M. Suard l'avait raconté, que celui-ci, se trouvant un jour chez Montesquieu, cherchait en vain à déchiffrer cette énigme. « Quoi! s'écria Montesquieu s'adressant à M. Suard, vous ne comprenez pas?

davantage au nombre de ces défenseurs à outrance de la féodalité et des priviléges, qui s'appellent Saint-Simon et Boulainvilliers. Allons plus loin : partisan déclaré de la monarchie absolue, qu'il admire apparemment pour ses grandeurs et non point pour ses misères qu'il déplore, c'est du moins un gouvernement vivant, agissant, éprouvé, qu'il préconise. Et on ne saurait, en outre, refuser son respect au patriote sincère qui prend à tâche de défendre le gouvernement de son pays contre les agitations séditieuses que propagent à cette époque, dans l'Europe entière, les prédications du protestantisme. — Qui pourrait dire, au contraire, vers quel but déterminé tournaient leurs efforts, quel régime se proposaient d'inaugurer Fénelon et ses émules? Est-ce le royaume de Bétique, est-ce la république de Salente, que nous préférerons

Eh bien! mon ami : le père c'est le génie, et la mère c'est la liberté! »

à la monarchie absolue? Ou bien les écrits politiques, que l'archevêque de Cambrai adressait au duc de Bourgogne, renferment–ils des précisions qui soient préférables aux enseignements que recevait de Bossuet le Dauphin (1)? Avouons–le, Louis XIV n'avait pas

(1) Ce serait une pure imagination que de chercher dans la *Politique*, comme on l'a fait quelquefois, une réfutation des maximes de gouvernement que comprend le *Télémaque*. La date seule de ces deux ouvrages suffit à ruiner une pareille supposition. Rappelons toutefois avec quelle défaveur Bossuet accueillit *le roman de M. de Cambray*. Cf. Le Dieu, *Journal*, t. I, p. 12 et suiv. (janvier 1700). « Dès que M. de Meaux eut vu le premier tome du *Télémaque*, tant de discours amoureux et le reste de même genre lui fit dire que cet ouvrage était indigne non-seulement d'un évêque, mais d'un prêtre et d'un chrétien, et plus nuisible que profitable au prince à qui l'auteur l'avait donné... Depuis qu'on eut le deuxième et le troisième tomes, que M. de Meaux les lut à Germigny... il jugea que le dessein de ce livre était pernicieux, et que l'auteur était bien hardi et bien

si grand tort, lorsqu'il traitait Fénelon de bel esprit chimérique. Tel est le vague ou le vide des conceptions politiques de l'ingénieux et spirituel prélat, que les novateurs de toutes les écoles ont pu tour à tour s'autoriser de son nom. Finalement, Fénelon n'a guère su, en politique, que ce qu'il ne voulait pas, au lieu que Bossuet, ce qui vaut mieux, a su nettement ce qu'il voulait.

Mais surtout, ce serait faire à Bossuet une gratuite injure que d'assimiler sa politique à la politique de Hobbes ou de Spinoza. Qu'est-

téméraire de le donner au public... Il trouva que les derniers livres de ce roman étaient une censure couverte du gouvernement présent, du roi même et des ministres. C'est ce que tout le monde y a vu, et le roi comme les autres... C'est encore apparemment, disait M. de Meaux en parlant de la publication de l'écrit de M. de Cambray, un dessein de ses amis pour lui mériter, dans le public, avec la réputation du meilleur écrivain, l'honneur d'avoir seul le courage de dire la vérité. »

15

ce effectivement que l'homme pour Spinoza ?
un phénomène agité. Et pour Hobbes ? un
pur animal. Conséquemment, qu'est-ce pour
Hobbes et Spinoza que la liberté ? une illusion. Qu'est-ce que le droit ? un vain mot. De
là, chez le solitaire de La Haye, au terme de
déductions embarrassées et souvent contradic-
toires, le despotisme démocratique. De là, chez
le philosophe de Malmesbury, le despotisme
tyrannique dans toute son accablante et rebu-
tante nudité. Chez l'un et chez l'autre, sinon un
égal avilissement, du moins un égal esclavage.

Combien Bossuet s'élève au-dessus de ces
doctrines détestables ! Nous l'avons constaté.
L'illustre évêque se laisse aller à une erreur
profonde, lorsqu'il incarne mystiquement et
uniquement dans un homme qui se nomme le
prince le droit qui est inséparable de toute
conscience humaine. Mais s'il déplace le
droit, il ne le nie pas. Il en reporte la source
à Dieu ; il le fait consubstantiel à Dieu même.

Bien plus, s'il déplace le droit et l'expose manifestement aux plus sérieux périls en le déplaçant, il ne le déplace, toutefois, que pour le préserver. Car, s'il veut mettre le droit hors des atteintes des passions du peuple, ce n'est point assurément pour donner le droit en proie aux passions du prince.

Non-seulement, en effet, il s'évertue à distinguer du pouvoir arbitraire le pouvoir absolu. Mais quel scrupule inviolable, quelle application de tous les instants, quelle constance de dévouement à la chose publique, quelle élévation de vues, quelle générosité de sentiments n'exige-t-il pas de ceux qui sont appelés au gouvernement des États ! Le prince de Machiavel est une monstruosité, si on le compare au prince de Bossuet, et le prince de Balzac un portrait sans ressemblance, sorti de la plume d'un adulateur. Platon avait décrit en termes magnifiques l'âme et les pensées d'un roi. Pourtant, c'était assez de Marc-Aurèle pour réaliser cet idéal, et le tableau de Platon, tout divin qu'il puisse être, reste bien loin de la peinture du prince chrétien que nous ont légué même Nicole (1), ou le médiocre Duguet (2). Il semble que

(1) *Traité de l'éducation d'un Prince* ; Paris, veuve Savreux, 1760, in-12, sous le pseudonyme de Chantereine. Cet écrit a été depuis compris dans les *Essais de Morale*. Paris, 1715, 8 vol. in-18. Voy. t. II, p. 209 et suiv. ; et dans ce même volume, p. 179 et suiv., rapprochez du traité de Nicole les *Discours de feu M. Pascal sur la condition des Grands.*

(2) *Institution d'un Prince, ou Traité des qualités, des vertus et des devoirs d'un Souverain.* Leyde, 1739, 4 vol. in-12. Saint-Simon ne laisse pas que de témoigner une admiration profonde pour cet ouvrage et le génie de son auteur. Voyez *Mémoires*, édit. de M. Chéruel ; Paris, 1856, 13 vol. in-12, t. II, p. 161 et suiv. « Cet admirable ouvrage de *l'Institution d'un Prince* de M. Duguet... M. Duguet, si célèbre par ses ouvrages, par la vaste étendue de son esprit et de son érudition qui se peut dire universelle, par l'humilité sincère et la

Bossuet, avec l'éloquence qui lui est propre, se soit chargé de raconter à la postérité l'âme de saint Louis.

Aussi bien, si tenant compte des différences nécessaires qui séparent le dix‑septième siècle et notre temps, on cherchait dans la vie publique de Bossuet une illustration de ses écrits, je crois qu'il serait aisé d'établir qu'en politique égal à lui‑même, sinon par le génie, du moins par le caractère, Bossuet, dans ses actions comme dans son langage, a mérité qu'on lui rapportât cette belle louange, que, jeune encore, il adressait lui‑même au précepteur de sa jeunesse, à Nicolas Cornet : « Ses conseils étaient droits, ses sentiments purs, ses réflexions efficaces, sa fermeté in-vincible. C'était un docteur de l'ancienne marque, de l'ancienne simplicité, de l'an-

sainteté de sa vie, et par les charmes et la solidité de sa conversation. »

cienne probité ; également élevé au-dessus de la flatterie et de la crainte, incapable de céder aux vaines excuses des pécheurs, d'être surpris des détours des intérêts humains, de se prêter aux inventions de la chair et du sang (1). »

Et plus loin :

« Il est certain que la France n'a pas eu d'âme plus française que la sienne et que l'État n'a pas eu d'esprit plus attaché à son prince que le sien (2). »

Telle n'est pas cependant l'opinion que, de nos jours, se sont plu à accréditer sur Bos—

(1) Bossuet, *Œuvres complètes*, t. II, p. 203; *Oraison funèbre de Nicolas Cornet.*

(2) *Id.*, *ibid.*, p. 210. — Je me suis déjà expliqué dans le même sens et à peu près dans les mêmes termes sur la vie publique de Bossuet. Voyez dans mes *Portraits* et *Études*. Paris, 1863; nouv. édit., p. 91 et suiv. *Mémoires et Journal de l'abbé Le Dieu.*

suet des écrivains frivoles ou éloquents (1).
Il est vrai que, tout en contestant, parfois
même avec dédain, un grand nombre de
ses idées, ils s'accordent à rendre hommage
à la sublimité de son esprit. Mais, en même
temps, ils déplorent les défaillances de sa
conduite. Bossuet, applaudissant à la révocation de l'Édit de Nantes, ne leur semble plus
qu'un fanatique. Bossuet, présidant, en 1682,
aux résolutions de l'Assemblée générale du

(1) C'est ainsi que M. de Lamartine, tournant
contre Bossuet son éloquence, va jusqu'à dire dans
le Civilisateur (article *Bossuet*), et dans *Raphaël*,
ch. LXVII, « que Bossuet avait une âme adula-
trice, » et ne trouve dans toute sa conduite envers
Louis XIV que la complaisance d'un courtisan.

De son côté, M. J. de Maistre n'hésite pas à
écrire « que les souffrances du peuple, les erreurs
du pouvoir, les dangers de l'État, la publicité des
désordres, n'arrachèrent jamais à Bossuet un seul
cri. » *De l'Église gallicane, etc.*, liv. II, ch. XII.
— J'omets les vulgaires diatribes.

Clergé de France, est bien près d'être considéré par eux comme un schismatique. Dans l'un et l'autre cas, ils ne voient en lui qu'un instrument docile de Louis XIV, lequel se tourne indifféremment au gré du maître, contre Genève ou contre Rome, courtisan occupé de sa propre fortune, sans résistance contre le despotisme, sans voix contre les désordres qu'il couvre de sa présence.

Voltaire avait tenté de faire de Bossuet un incrédule mitré, une espèce de pontife de l'ancienne Rome (1). Ses modernes détracteurs

(1) Voltaire, *Œuvres complètes*, t. III, p. 2867, *Écrivains français du siècle de Louis XIV*. « Au reste, on a prétendu que ce grand homme (Bossuet) avait des sentiments philosophiques différents de sa théologie, à peu près comme un savant magistrat qui, jugeant selon la lettre de la loi, s'élèverait quelquefois au-dessus d'elle par la force de son génie. »

le ravilissent à n'être plus, au demeurant, qu'un prélat de Cour.

Il a toujours été facile de venger la mémoire de Bossuet de ces imputations calomnieuses.

Je ne laisse à personne le droit de s'indigner plus que moi-même de la révocation de l'Édit de Nantes. Ce fut un crime, qui ne le sait? Ce fut une ruine pour l'État, qui l'ignore (1)? Mais si quelque sentiment peut

(1) Louis XIV lui-même ne l'ignorait pas. Mais aucune considération ne put vaincre son obstination, ni le retirer de son aveuglement. Voyez à ce sujet un intéressant *mémoire* écrit en 1700 par le duc de Bourgogne, sur les conférences qui précédèrent la révocation.

« Lorsque Sa Majesté proposa dans le conseil de prendre une dernière résolution sur cette affaire, Monseigneur, d'après un mémoire anonyme qui lui avait été adressé la veille, représenta qu'il y avait apparence que les huguenots s'attendaient à ce qu'on leur préparait, qu'il y avait peut-être à craindre qu'ils prissent les armes, comptant sur la protection des princes de leur religion; et que,

égaler la tristesse qui s'attache à la date de 1685, c'est l'étonnement qu'excite l'unanimité d'adhésion que rencontra au dix-septième siècle cet acte odieux d'un monarque aveuglé et vieilli, livré aux influences correctives, mais aux influences étrécissantes

supposé qu'ils n'osassent le faire, un grand nombre sortiraient du royaume, ce qui nuirait au commerce et à l'agriculture, et par là même affaiblirait l'État.

« Le roi répondit qu'il avait tout prévu depuis longtemps et pourvu à tout, que rien au monde ne lui serait plus douloureux que de répandre une seule goutte de sang de ses sujets, mais qu'il avait des armées et de bons généraux qu'il emploierait dans la nécessité contre les rebelles qui voudraient eux-mêmes leur perte. Quant à la raison d'intérêt, il la jugea peu digne de considération, comparée aux avantages d'une opération qui rendrait à la religion sa splendeur, à l'État sa tranquillité et à l'autorité tous ses droits. Il fut conclu d'un sentiment unanime pour la révocation de l'Édit de Nantes. »

de madame de Maintenon (1); fléchissant par calcul aux instances d'un clergé opulent, qui

(1) Je n'ai garde de m'arrêter aux calomnies que la malveillance ou l'ignorance a si souvent propagées contre madame de Maintenon. Elle approuva assurément la révocation de l'Édit de Nantes. Voyez *Correspondance générale de madame de Maintenon*, publiée par Théophile Lavallée, Paris, 1866, 10 v. in-12; t. IV, p. 198. *Réponse de madame de Maintenon à un mémoire touchant la manière la plus convenable de travailler à la conversion des huguenots* (1697). Mais assurément aussi madame de Maintenon ne provoqua ni ne décida la révocation de l'Édit de Nantes. Cf. Théophile Lavallée, *Madame de Maintenon et la Maison royale de Saint-Cyr*. Paris, 1862, in-8, p. 221 et suiv. « Tout en désirant de tout son cœur la réunion des huguenots à l'Église, madame de Maintenon aurait voulu que ce fût plutôt par la voie de la persuasion que par la rigueur. — Mais le roi, qui aurait voulu la voir plus animée, lui ferma la bouche en lui disant : « Madame, votre discours me fait peine ; je crains que le ménagement que vous voudriez que l'on eût pour les huguenots ne vienne de quelque reste d'in-

ne cesse de réclamer l'abolition du protestantisme en retour des subsides qu'il accorde; enfin aimant assez, comme on l'a dit, à faire son salut sur le dos des autres. Assurément on n'accusera pas Arnauld d'être un courtisan. On ne songera point à taxer madame de Sévigné de fanatisme. Pour rapporter quelques exemples entre mille, Arnauld, madame de Sévigné, c'est-à-dire un solitaire et une grande dame, c'est-à-dire encore deux opposants, sur la révocation de l'Édit de Nantes pensent absolument comme Bossuet. « On a employé, écrivait Arnauld, des voies un peu violentes,

clination pour votre ancienne religion. » — « Pourquoi dites-vous, écrivait Voltaire à Formey, que Mme de Maintenon eut beaucoup de part à la révocation de l'Édit de Nantes? Elle toléra cette persécution, mais certainement elle n'y eut aucune part, c'est un fait certain. » En un mot, Mme de Maintenon créa autour de Louis XIV une atmosphère de dévotion, mais non point de fanatisme. Son influence politique ne fut d'ailleurs jamais considérable.

mais nullement injustes. » — « Rien n'est si beau que tout ce que contient cet édit, écrit à son tour madame de Sévigné, et jamais aucun roi n'a fait et ne fera rien de si mémorable (1). » En même temps donc qu'on re-

(1) Fléchier dans l'*Oraison funèbre* de Le Tellier; Massillon dans l'*Oraison funèbre* de Louis XIV; l'abbé Tallemand dans un discours prononcé à l'Académie française, tiennent le même langage. — Cf. Ch. Weiss, *Histoire des réfugiés protestants.* Paris, 1853, 2 vol. in-12, t. I, p. 119. — Que l'on prenne comme au hasard l'une quelconque des pièces innombrables, en prose ou en vers, qui furent composées à la louange de Louis XIV, et l'on se convaincra que ses contemporains lui firent constamment un titre de gloire de sa politique envers les protestants. Citons en ce genre une curiosité : *Réflexions sur le Portrait du Roy*, par M. Le Mareschal, avocat au parlement; Paris, 1682, in-18, p. 84. « Y a-t-il rien de plus saint et de plus relevé que de détruire l'idolâtrie, les profanations et les sacriléges, pour établir le véritable culte qui est dû à la Divinité, les cérémonies et les mystères qui lui sont consacrés; et enfin d'abattre les armes des

grettequ'en applaudissant à la révocation de l'Édit de Nantes, Bossuet se soit trompé, il

luthériens et des calvinistes, pour faire honorer partout les clefs de saint Pierre? » — Mais c'est surtout après la révocation de l'Édit de Nantes que ces sentiments se donnent cours. Citons encore une autre pièce assez peu connue, qui est en même temps une rareté bibliographique. En 1686, la santé du roi avait inspiré d'assez graves inquiétudes. (Voyez Le Roi, *Journal de la santé du roi Louis XIV, de l'année* 1647 *à l'année* 1701; Paris, 1862, in-8, p. 395, note 5, *La grande opération faite au roi Louis XIV en* 1686.) Aussitôt les Jésuites, infatigables adulateurs du prince, se mettent à l'œuvre et célèbrent en vers le rétablissement de la santé de Louis le Grand. *Pro restituta Ludovici Magni valetudine Musarum gratulatio in Regio Ludovici Magni Collegio Patrum Societatis Jesu, Calendis Januarii anni* 1687. *Parisiis, excudebat Gabriel Martin, via Jacobea, sub Sole aureo* MDCLXXXVII. Et là, dans des odes, dans des dithyrambes d'une élégante latinité, les poëtes de la Compagnie, un P. Commire, un P. de Jouvancy, un P. de Saligny, un P. Aubin, exaltent à l'envi les merveilles du règne de Louis XIV, au nombre desquelles ils ne man-

serait équitable de considérer qu'il s'est trompé avec la plupart de ses contemporains.

quent point de mentionner la ruine de l'Hérésie. Ce ne leur est même pas assez que de chanter en latin ces prodiges. On trouve page 29 du recueil, des *Traductions des Odes du P. Commire au Roy.* Or, quels sont les traducteurs? Ce n'est pas sans quelque étonnement qu'on rencontre tout d'abord, et avant les noms mêmes du P. Buffier et du P. de Valongnes, le nom de Fontenelle. — Fontenelle, qui, dix années auparavant (1676), avait échoué contre La Monnoye, dans le concours où l'Académie proposa pour sujet de poëme *l'Éducation de Monseigneur et le soin que Sa Majesté prend elle-même d'écrire ses Mémoires;* Fontenelle, qui, pourtant, devait être un des coryphées du dix-huitième siècle, semble avoir voulu, en cette occasion, prendre sa revanche. Presque l'année même où il publiait ses *Entretiens sur la pluralité des mondes* (1686), il n'hésitait donc pas à traduire l'*Ode du P. Commire*, y compris les strophes classiques en l'honneur de la révocation de l'Édit de Nantes. Voyez p. 33 du recueil :

  « Mais de tous ces exploits et l'éclat et le fruit,
  Et tout ce que Louis a fait par son tonnerre,

Car, à ce compte, l'erreur de ce grand esprit disparaît, pour ainsi parler, dans l'erreur d'un grand siècle.

Au fond même, qu'était-ce en réalité, aux yeux de Bossuet et de ses contemporains, que la révocation de l'Édit de Nantes? C'était une décision suprême et nécessaire, quoique douloureuse, par où se trouverait extirpé jusque dans ses fibres les plus intimes le germe des guerres civiles. On se flattait que, dès lors, la France allait fleurir au sein d'un calme que rien ne troublerait plus. Forte au de-

Cède à l'ouvrage saint que la paix a produit.
Cette Hydre qui, sortant de l'éternelle nuit,
Déclarait au ciel même une insolente guerre,
Tombe sous le héros dont le bras la poursuit,
Et ses cent têtes sont par terre.
Elles semblaient pourtant devoir se relever,
Dans peu leurs sifflements pouvaient se faire entendre,
La nouvelle fureur qu'elles allaient reprendre,
Plus que jamais eût osé nous braver :
Mais libre du péril que craignait votre empire,
Vous vivez, Grand Monarque, et sans que votre bras
S'attache contre l'Hydre à de nouveaux combats,
Elle vous voit, et pour jamais expire. »

dans, elle serait respectée au dehors. Une même foi, une même loi, c'étaient là, semblait-il, les garanties infaillibles, essentielles de la prospérité du royaume.

Dans de pareilles pensées, où était l'erreur? L'erreur était double. On poursuivait un but chimérique. Par la considération de la fin on se justifiait les moyens,

On poursuivait un but chimérique, l'inviolable unité de l'État, assurée par l'inviolable unité de l'Église. Mais on avouera que cette chimère ne manquait ni de patriotisme ni de grandeur.

Par la considération de la fin on se justifiait les moyens. Car, pour ramener les protestants à l'unité politique, fallait-il violenter leurs consciences et leurs personnes, les dépouiller de leurs biens, leur enlever leurs enfants, ne leur laisser d'autre alternative que celle de l'exil ou de l'hypocrisie? Ces extrémités inspirent de l'horreur. Mais n'y a-t-il à tenir aucun compte des circonstances, des haines amassées, de cet instinct de représailles qui monte si violemment au cœur de l'homme? La royauté accablait un ennemi désarmé, je le veux; mais depuis quand cet ennemi avait-il déposé les armes, et, de son côté, n'avait-il point à se reprocher de sévices (1)?

(1) Cf. Bossuet, *Œuvres complètes*, t. XIV, p. 261, *Cinquième Avertissement, etc.* « Les rois qui ont été les plus contraires aux protestants n'eussent pas songé à les troubler, si des esprits si remuants avaient pu se résoudre à rester en repos. Certainement, sous Louis XIII ils étaient devenus si délicats et si plaintifs dans leurs assemblées politiques, et encore plus dans leurs synodes, qu'on les voyait prêts à s'échapper à tous moments; en sorte qu'on n'osait rien entreprendre contre l'étranger quoi qu'il fît, tant qu'on avait au dedans un parti si inquiet et si menaçant. Voilà dans la vérité, et tous les Français le savent, ce qui a fait nos guerres civiles. » — *Id., ibid.*, p. 227. « Ceux qui n'ont que les dragons à la bouche et qui pensent avoir

Au demeurant, le dix-septième siècle ne voyait guère dans les protestants que des factieux (1). Se soustraire à la foi du souverain, c'était du même coup se soustraire à la puissance du souverain. De là vient qu'il paraissait légitime, à ceux surtout qui réputaient la foi du souverain la vérité même, qu'on y ramenât les dissidents par la force.

D'ailleurs, si Bossuet est inflexible, s'il tonne, éclate, foudroie, c'est dans ses ou—

tout dit pour la défense de leur cause quand ils les ont seulement nommés, doivent souffrir à leur tour qu'on leur représente ce que le royaume a souffert de leurs violences et encore presque de nos jours. Ils sont convaincus en effet par acte et par leurs propres délibérations qu'on a en original, d'avoir alors exécuté en effet par une puissance usurpée, plus qu'ils ne se plaignent d'avoir souffert de la puissance légitime. Le fait a été posé dans l'*Histoire des Variations* et n'a pas été contredit. »

(1) « La France, dit M. Michelet, sentait une Hollande dans son sein qui se réjouissait des succès de l'autre. »

vrages (1). Que si des luttes de la doctrine il faut passer aux actions, l'histoire nous montre, au contraire, l'illustre évêque, d'une charité tout évangélique, donnant à la Cour des conseils tour à tour et des exemples de mansuétude. « Pour ce qui regarde la religion, écrit Le Dieu, jamais évêque n'y apporta plus de douceur d'esprit et de modération. Le roi l'obligea de donner son avis sur les contraintes qui se faisaient en Languedoc pour faire aller les nouveaux catholiques à l'église et même pour leur faire faire leurs pâques. Il savait sur cela le sentiment de M. de Basville, de M. l'évêque de Rieux, de M. l'évêque de Mirepoix et de M. de Nîmes, et de plusieurs autres prélats, tous ses amis, qui même de

(1) Sans parler des ouvrages de polémique proprement dits, qui ne sait quel coup porta au protestantisme *l'Exposition de la doctrine catholique?* Cf. M. Floquet, *Bossuet précepteur du Dauphin*, 2e partie, ch. 1, 2, 3, 4, p. 281 et suiv.

concert avaient fait des mémoires pour faire
voir qu'il fallait user de la force pour ces
sortes d'exercices de la religion et pour les
sacrements ; et néanmoins M. de Meaux ne
put approuver leurs sentiments. Il fit un mémoire contraire qui fut donné au roi. La Cour
l'approuva et y conforma sa conduite ; ainsi
toutes les violences ont cessé : ces rudes
peines portées par les édits de traîner les
relaps sur la claie après leur mort et autres
sont demeurées sans exécution. On s'est con-
tenté de peines pécuniaires, et encore dans
son diocèse les faisait-il ôter autant qu'il
pouvait (1). » La douceur de Bossuet est si
publique que, d'un côté, les intendants lui en
font un grief, tandis que, de l'autre, elle lui
concilie les sympathies respectueuses des
ministres protestants eux-mêmes.

« Je vous dirai franchement, écrivait le

(1) *Mémoires*, t. I, p. 190.

ministre Du Bourdieu à un protestant de Montpellier, que les manières honnêtes et chrétiennes par lesquelles M. de Meaux se distingue de ses confrères ont beaucoup contribué à vaincre la répugnance que j'éprouve pour tout ce qui s'appelle dispute. Car si vous y prenez garde, ce prélat n'emploie que des voies évangéliques pour nous persuader sa religion. Il prêche, il compose des livres, il fait des lettres, et travaille à nous faire quitter notre croyance par des moyens convenables à son caractère et à l'esprit du christianisme. Nous devons donc avoir de la reconnaissance pour les soins charitables de ce grand prélat et examiner ses ouvrages sans préoccupation, comme venant d'un cœur qui nous aime et souhaite notre salut (1). »

Que prouve donc, en dernière analyse,

(1) Le Dieu, *Mémoires*, t. I, p. 105, *Introduction*; cité par M. Guettée. Tous ces témoignages sont une réponse plus que suffisante à un factum de fraîche

l'approbation donnée par Bossuet à la révocation de l'Édit de Nantes? Qu'il fut de son temps et qu'il en subit les préjugés, mais sans en partager les passions. Bossuet, par conséquent, ne fut point un fanatique. Ce fut un grand évêque du dix-septième siècle, qui s'appliqua à maintenir l'intégrité du catholicisme. Ce fut, au dix-septième siècle, un bon citoyen, qui prit à tâche de maintenir l'intégrité d'un pouvoir, clef de voûte alors de l'ordre social. Bossuet condamnait le protestantisme au même titre qu'il condamnait la Ligue. Pour lui, le pouvoir royal, c'était la France. En défendant l'autorité du prince, c'était le pays qu'il défendait. C'est pourquoi, en même temps qu'il repoussait les attaques de Genève contre cette autorité, il n'hésitait pas à repousser aussi les atteintes qu'y semblait vouloir porter Rome.

date : *Bossuet, évêque de Meaux, dévoilé par un prêtre de son diocèse en* 1690. Paris, 1864, in-8.

Je ne nierai pas que Louis XIV n'eût fait à l'Église de France une condition déplorable. A certains égards, Fénelon avait pleinement raison de soutenir que les libertés de l'Église gallicane n'étaient que les servitudes de l'Église gallicane (1). En effet, le roi, évêque du dehors, ainsi qu'il s'intitulait lui-même, considérait le clergé comme un instrument de règne. Non-seulement il avait mis la main dans toutes les affaires de l'épiscopat, mais sa jalouse surveillance s'étendait jusqu'au régime intérieur des communautés. Étroitement rattachée à Rome, l'Église de France aurait joui, dans son obéissance même, d'une indépendance véritable (2). En relevant immédiate-

(1) *Lettre du 3 mai* 1710. « Les libertés de l'Église gallicane sont de véritables servitudes... Le roi, dans la pratique, est plus chef de l'Église que le pape en France. Nos libertés à l'égard du pape sont des servitudes à l'égard du roi. »

(2) Sur *les Rapports de la Religion et de l'État,*

ment du roi, elle s'annulait. Louis XIV l'avait bien compris. Aussi, aucun roi de France, non pas même Philippe le Bel, ne se montra-t-il peut-être plus dégagé envers la papauté. Avant d'obéir au pape, il fallait en France, même dans le spirituel, obéir au roi, dont le constant effort fut toujours de plier les esprits au respect, on dirait presque au culte de sa personne. En définitive, l'Église gallicane inclinait à lui devenir à peu près ce que devait être pour Pierre le Grand l'Église orthodoxe, avec les différences qui résultaient d'ailleurs chez le successeur de tant de rois, chez le fils d'Anne d'Autriche, d'une longue

voyez une récente publication de M. Franck : *Philosophie du Droit ecclésiastique;* Paris, 1864, in-12. M. Franck y établit, d'une manière, ce semble, péremptoire, la nécessité encore actuelle, pour ne pas dire la nécessité absolue des concordats. Consultez aussi du même auteur le remarquable ouvrage intitulé : *Réformateurs et Publicistes de l'Europe.* Paris, 1864, in-8.

tradition et d'une piété très-réelle, quoique tout espagnole et destituée de vertu (1).

Or, on calomnie Bossuet, quand on répète qu'il s'accommoda à ces tyranniques dispositions du roi envers l'Église. Il suffit de relire l'éloquent discours de 1681, pour se convaincre combien étaient présentes à l'évêque de Meaux les idées d'unité, et, par un inviolable attachement à Rome, de liberté ecclésiastique (2).

(1) Cf. *Correspondance générale de madame de Maintenon*, t. IV, p. 308. *Lettre LXXII à M. l'archevêque de Paris* (1700). « La religion est peu connue à la cour : *on* (le roi) veut l'accommoder à soi, et non pas s'accommoder à elle ; *on* en veut toutes les pratiques extérieures, mais non pas l'esprit. »

(2) Bossuet, *Œuvres complètes*, t. X, p. 488, *Sermon sur l'unité de l'Église, prêché à l'ouverture de l'Assemblée générale du Clergé de France, le 9 novembre* 1681. « Quel aveuglement, s'écriait Bossuet, quand des royaumes chrétiens ont cru s'affranchir en secouant, disaient-ils, le joug

Que voulait, d'autre part, Bossuet, en rédigeant les *Quatre Articles*, en écrivant la *Défense du Clergé de France*? Les *Mémoires* et le *Journal* de Le Dieu nous l'apprennent. Bossuet fut beaucoup moins l'instigateur ou

de Rome, qu'ils appelaient un joug étranger! Comme si l'Église avait cessé d'être universelle, ou que le lien commun, qui fait de tant de royaumes un seul royaume de Jésus-Christ, pût devenir étranger à des chrétiens. Quelle erreur, quand des rois ont cru se rendre plus indépendants en se rendant maîtres de la religion, au lieu que la religion, dont l'autorité rend leur majesté inviolable, ne peut être pour leur propre bien trop indépendante. Dieu préserve nos rois très-chrétiens de prétendre à l'empire des choses sacrées, et qu'il ne leur vienne jamais une si détestable envie de régner! Ils n'y ont jamais pensé. » — « Qu'est-ce que l'épiscopat, disait déjà Bossuet en 1669 (*Œuvres complètes*, t. II, p. 16, *Oraison funèbre* de Henriette de France); qu'est-ce que l'épiscopat, quand il se sépare de l'Église qui est son tout, et quand il se sépare de Rome qui est son centre, pour s'attacher contre nature à la royauté? Ces deux puissances d'un ordre si

l'organe de la résistance de Louis XIV à la papauté, qu'il ne s'efforça d'en être le modérateur. Car, sans entrer ici dans les détails compliqués de l'affaire de la Régale, il ne reste plus douteux, après avoir lu Le Dieu, que l'intervention de Bossuet prévint dans l'Assemblée du Clergé en 1682 de fâcheux éclats (1).

« On parla, écrit Le Dieu (janvier 1700), de l'Assemblée de 1682. Je lui demandai (à Bossuet) qui avait inspiré le dessein de proposition du Clergé sur la puissance de l'Église. Il me dit que M. Colbert, alors ministre et secrétaire d'État, contrôleur général des finances, en était le véritable auteur, et que lui seul y avait déterminé le roi (2). »

différent ne s'unissent pas, mais s'embarrassent mutuellement, quand elles se confondent. »

(1) Le Dieu, *Journal*, t. I, p. 8. Cf. M. Floquet, *Bossuet précepteur du Dauphin*, p. 546 et suiv.

(2) Voyez M. J. de Maistre, *De l'Église Gallicane dans son rapport avec le Souverain Pontife*, liv. II,

Partisan des libertés de l'Église gallicane, Bossuet déclarait toutefois les expliquer « de la manière que les entendaient les évêques, et non pas de la manière que les entendaient les magistrats (1). » Mais si Bossuet se fit un devoir de conjurer toute mesure violente, de préserver de toute diminution le pouvoir spirituel de la papauté, il affirma l'autorité supérieure des conciles œcuméniques, déclinant ainsi les prétentions surannées de Rome à la domination temporelle des couronnes. Sur ce point, il en finit avec le moyen âge, et, répudiant Santarel, se rangea du côté de Du Perron contre Bellarmin (2). A ses yeux,

ch. 7 et 8. L'auteur, pourtant si défavorable en somme à Bossuet, y montre parfaitement quels sages tempéraments l'évêque de Meaux s'efforça d'apporter, dans l'Assemblée de 1682, aux entraînements de l'épiscopat et à l'omnipotence du roi.

(1) Bossuet, *Œuvres complètes*, t. XXVI, p. 131. *Lettre au Cardinal d'Estrées.*

(2) Bossuet allait même plus loin que Du Perron.

la déclaration n'eut guère d'autre sens. Défendre la puissance royale, n'admettre au-dessus d'elle d'autre suzeraineté que celle de Dieu, c'était, suivant lui, maintenir intactes la dignité et la grandeur de la patrie.

Effectivement, on n'est pas moins injuste quand on accuse Bossuet d'avoir été un courtisan que lorsqu'on lui reproche son fanatisme, ou sa docilité quasi-schismatique aux volontés de Louis XIV.

Rappelons que, dans Louis XIV, ce n'est pas l'homme précisément que révère Bossuet ; c'est le roi, ou, mieux encore, c'est la royauté. Né d'une famille de magistrature,

Cf. Le Dieu, *Journal*, t. I, p. 10. « 19 janvier 1700. M. de Meaux remarqua encore que, du temps du cardinal Du Perron, et sous le ministère des cardinaux de Richelieu et Mazarin, on avait été trop favorable à Rome ; on s'était comme relâché des maximes de France, et que Duval (chef des duvallistes ou ultramontains dans la Faculté de théologie de Paris) avait osé y donner atteinte. »

imbu dès le berceau de fortes maximes de
soumission, enfant d'une province qui, du-
rant les agitations stériles de la Fronde,
s'était montrée fidèle à la Cour, quoiqu'elle
eût de tout temps pour patrons les Condé, il
s'était habitué de très-bonne heure à considérer la royauté comme la sauvegarde en
France de l'ordre social. De là son respect
inviolable pour la monarchie, et sa détestation
de l'État populaire qu'il déclare « le pire de
tous (1). »

L'expérience, aussi bien, lui avait appris, quoiqu'il n'ait pas tenu compte des
évolutions et des nuances, que la monarchie
héréditaire est conforme au génie de la na-

(1) Bossuet, *Œuvres complètes*, t. XIV, p. 311,
Cinquième Avertissement, etc. C'était le sentiment
du dix-septième siècle; c'était le cri de Corneille :

« Le pire des États, c'est l'État populaire. »

(*Cinna*, act. II, sc. I.)

tion française; que l'histoire de ses accrois-
sements est l'histoire même de l'établissement
de nos libertés; et s'il ne lui a pas été donné
de reconnaître le dogme indiscutable de la
souveraineté nationale, on ne peut s'empêcher
d'admirer avec quelle verve de pratique bon
sens, avec quel accent d'honnêteté qui s'é-
lève parfois jusqu'au sublime, il démêle les
équivoques de la souveraineté du peuple, du
contrat social, du droit à l'insurrection, réfu-
tant de la sorte les pernicieux paradoxes que
déjà professait Jurieu, mais que Rousseau
devait accréditer par la magie de son style
éblouissant et sonore. « M. Jurieu, concluait
éloquemment Bossuet, répondant à l'avance
à ses modernes détracteurs, M. Jurieu nous
parle ici des flatteurs des princes, et il ne
songe pas aux flatteurs des peuples. Tout
flatteur, quel qu'il soit, est toujours un animal
traître et odieux; mais s'il fallait comparer
les flatteurs des rois avec ceux qui vont flatter

dans le cœur des peuples ce secret principe d'indocilité et cette liberté farouche qui est la cause des désordres, je ne sais lequel serait le plus honteux (1). »

(1) Bossuet, *Œuvres complètes*, t. XIV, p. 284, *Cinquième Avertissement, etc.*, xxxi.—Cf. *id.*, *ibid.*, p. 330, *Cinquième Avertissement, etc.*, ix. « M. Jurieu ne rougit pas de flatter un tel peuple, c'est-à-dire un peuple qu'il ne saurait définir, un peuple sans loi et sans règle, et il appelle ses adversaires les flatteurs des rois. Mais, puisqu'il trouve plus beau d'être le flatteur du peuple, il doit songer que les gens d'un caractère si bas, sous prétexte de flatter les peuples, sont en effet des flatteurs des usurpateurs et des tyrans. Car en parcourant toutes les histoires des usurpateurs, on les verra presque toujours flatteurs des peuples. C'est toujours ou leur liberté qu'on leur veut rendre, ou leurs biens qu'on leur veut assurer, ou leur religion qu'on veut rétablir. Le peuple se laisse flatter et reçoit le joug. C'est à quoi aboutit la souveraine puissance dont on le flatte; et il se trouve que ceux qui flattaient les peuples sont en effet les suppôts de la tyrannie. C'est ainsi que les États libres se font des monar-

Bossuet, qui ne fut pas le flatteur des peuples, ne se montra pas davantage le flatteur des princes. En révérant dans Louis XIV le représentant de la royauté, il sut juger l'homme. Il eut le courage, rare alors, de lui donner de salutaires avertissements sur ses deux incurables faiblesses : l'amour de la guerre et l'amour des femmes, par où il abaissa sa race et compromit la monarchie.

Comment, en effet, oublier ces lettres admirables que Bossuet adressait au roi en 1675, pendant la guerre des Pays-Bas, et dans lesquelles, en lui parlant des besoins de son âme, il n'hésitait pas non plus à lui parler des besoins de ses peuples ?

ques absolus... C'est ainsi que les États monarchiques se font des maîtres plus absolus que ceux qu'on leur fait quitter, sous prétexte de les affranchir. Les lois qui servaient de rempart à la liberté publique s'abolissent, et le prétexte d'affermir une domination naissante rend tout plausible. »

« Il est arrivé souvent, écrivait-il à Louis XIV, qu'on a dit aux rois que les peuples étaient plaintifs naturellement, et qu'il n'est pas possible de les contenter, quoi qu'on fasse. Sans remonter bien loin l'histoire des siècles passés, le nôtre a vu Henri IV, votre aïeul, qui, par sa bonté ingénieuse et persévérante à chercher les remèdes des maux de l'État, avait trouvé le moyen de rendre les peuples heureux et de leur faire sentir et avouer leur bonheur. Aussi en était-il aimé jusqu'à la passion; et, dans le temps de sa mort, on vit par tout le royaume et dans toutes les familles, je ne dis pas l'étonnement, l'horreur et l'indignation que devait inspirer un coup si soudain et exécrable, mais une désolation pareille à celle que cause la perte d'un bon père à ses enfants. Il n'y a personne de nous qui ne se souvienne d'avoir ouï raconter ce gémissement universel à son père ou à son grand-père, et qui n'ait encore le cœur attendri de ce qu'il a ouï réciter des bontés de ce grand roi envers son peuple, et de l'amour extrême de son peuple envers lui. C'est ainsi qu'il avait gagné les cœurs (1). »

Voilà le langage que tenait Bossuet, voilà le noble exemple qu'il ne craignait pas d'évoquer et d'invoquer, tandis qu'autour du prince, tout contribuait à nourrir sa belliqueuse et funeste ardeur.

D'un autre côté, qui osa combattre cette passion, plus vive encore chez Louis XIV que la passion de la guerre, la passion de l'amour? Fut-ce son confesseur, un P. Annat, un P. de Lachaise, un P. Letellier? Non. Impuissante ou mollissante, la Compagnie de Jésus avait assez d'occuper la conscience du

(1) Bossuet, *Œuvres complètes,* t. XXVI, p. 50, *Lettre* xxxiv, à Louis XIV. — Cf. *ibid.*, p. 46, *Lettre* xxxiii, à Louis XIV. — *Sur les caractères d'une véritable conversion, et les dispositions nécessaires pour y parvenir.*

roi (1). Ce fut Bossuet qui prit à tâche de l'épurer en la réglant. Et Le Dieu nous est un témoin de ses apostoliques efforts. « Mgr de Meaux, rapporte Le Dieu, nous dit à Versailles, le mardi 23 août 1701, MM. les abbés de Fleury et Cattelan présents : « J'ai une belle « preuve de la manière dont les Jésuites con— « duisent les princes, en leur laissant ignorer « les premiers éléments de la religion et les

(1) Depuis Henri III jusqu'à Louis XV, les rois de France eurent tous des Jésuites pour confesseurs. Voyez *Œuvres de Louis XIV*, t. VI, p. 348, *Notice sur les Jésuites, confesseurs des rois de France.* — Cf. *Correspondance générale de madame de Maintenon*, t. IV, p. 19. *Lettre CCCLVII à M. l'archevêque de Paris*, 1795. « Rien n'est égal au *bon père* (le P. de La Chaise), mais, Monsieur, Dieu instruit le roi malgré lui. » *Id., Ibid.*, p. 310, *Lettre LXXII à M. l'archevêque de Paris*, 1700. « Je ne me rebuterai pas, s'il plaît à Dieu, et je dirai au roi la vérité tant que je vivrai, quoique je sois persuadée que tant que nous aurons le père de La Chaise nous ne ferons rien. »

« laissant dans une routine de petites dévo-
« tions. Je donnais autrefois au roi une ins-
« truction par écrit, où le précepte de l'amour
« de Dieu était expliqué comme étant le fonde-
« ment de la vie chrétienne (1). Le roi l'ayant
« lue dit : « Je n'ai jamais ouï parler de cela,
« on ne m'en a rien dit (2). »

Ainsi, tandis que ceux qui avaient charge
d'âme se taisaient ou biaisaient, ouvertement,
directement, et non pas seulement dans ses
sermons (3), Bossuet adressait à Louis XIV

(1) Cf. Bossuet, *Œuvres complètes*, t. XXVI,
p. 52, Instruction donnée à Louis XIV : « *Quelle
est la dévotion d'un roi.* »

(2) Le Dieu, *Journal*, t. I, p. 202.

(3) Cf. *id.*, *ibid.*, p. 112. « Bossuet parlait au roi
et aux grands de leurs devoirs aussi librement
qu'aux particuliers; mais de quels devoirs? des
devoirs de la royauté pour la défense de l'Église,
pour le maintien de la religion, pour le gouvernement de l'État, pour la propre personne du roi,
sans sortir de son caractère, sans faire le ministre

de contraignantes remontrances, « avec une liberté digne des premiers siècles et des premiers évêques de l'Église, » disait Saint-

ni l'homme d'État, mais avec une sagesse et une prudence qui l'ont rendu aussi irrépréhensible en ce point que dans toutes les autres circonstances de sa vie. Je l'ai vu employer dans sa *Politique* sur les rois et la royauté des matériaux tirés de ses sermons prêchés à la Cour, tant il en estimait les principes sûrs et bien établis, et sans y trouver rien à changer en un âge si avancé et avec tant de lumières. » Voyez, parmi les nombreux sermons que Bossuet prêcha devant le roi, les sermons sur l'*Impénitence finale*, sur la *Charité fraternelle*, sur l'*Honneur du monde*, sur la *Justice*, et très-particulièrement le sermon sur les *Devoirs d'un roi* (1662), lequel a passé presque tout entier dans la dernière partie de la *Politique*. « Sire, disait Bossuet en terminant, vous savez les besoins de vos peuples, le fardeau excédant leurs forces dont ils sont chargés. Il se remue pour Votre Majesté quelque chose d'illustre et de grand, et qui passe la destinée des rois vos prédécesseurs ; soyez fidèle à Dieu, et ne mettez point d'obstacle, par vos pé-

Simon (1). Il y a plus : aux paroles joignant les actes, on le voit comme de ses propres mains ensevelir au Carmel la touchante La Vallière (2), combattre au nom de la morale outragée, braver par l'innocence inattaquable de sa vie, anéantir enfin dans la pénitence

chés, aux choses qui se couvent ; portez la gloire de votre nom et celle du nom français à une telle hauteur qu'il n'y ait plus rien à vous souhaiter que la félicité éternelle. »

(1) *Mémoires*, t. VIII, p. 147. « C'était un homme, ajoute Saint-Simon parlant de Bossuet, dont l'honneur, la vertu, la droiture étaient aussi inséparables que la science et la vaste érudition. »

(2) Voyez Bossuet, *Œuvres complètes*, t. XXVI, p. 31, *Lettres au maréchal de Bellefonds* sur madame de La Vallière, dont Bossuet décida la retraite et la conversion. « M. de Condom, écrivait de son côté la duchesse à Bellefonds, leur ami commun, M. de Condom est un homme admirable par son esprit, sa bonté, son amour de Dieu. » Cf. *id.*, *ibid.*, t. X, p. 311, *Sermon pour la profession de madame de La Vallière*, 1675.

l'altière Montespan (1) ; et s'il advient que le descendant de saint Louis et de Henri IV s'abaisse par vertige de séduction et d'ennui jusqu'à la veuve d'un poëte burlesque et maléficié, on le voit contribuer du moins à corriger par la sainteté du mariage « l'humiliation la plus profonde, la plus publique, la plus durable, la plus inouïe (2). »

(1) Voyez dans les *Mémoires* de Saint-Simon et dans la *Vie de Bossuet*, par le cardinal de Bausset, liv. v, le récit de la conduite courageuse que tint l'évêque de Meaux et des mécomptes qu'il essuya en s'imposant le devoir de détacher Louis XIV de madame de Montespan. « Madame de Montespan avoua souvent que dans le temps où elle était le plus aigrie contre Bossuet, elle avait fait faire une exacte recherche de sa vie, et qu'elle n'avait rien trouvé à reprendre en aucun état où il avait été, et que la justice l'obligeait à lui rendre ce témoignage. » Lorsqu'elle eut quitté la Cour en 1687, pour se retirer à Saint-Joseph, Bossuet continua à voir et vit même plus fréquemment la favorite abandonnée.

(2) Saint-Simon, *Mémoires*, t. VIII, p. 137. « La

On avouera que cette intrépidité de zèle n'était pas d'un homme qui songe à sa fortune. Aussi, celle de Bossuet resta-t-elle toujours de beaucoup au-dessous de son mérite. L'évêché-pairie de Beauvais, l'archevêché de Paris, le cordon bleu, le cardinalat;

fortune, pour n'oser nommer ici la Providence, qui préparait au plus superbe des rois l'humiliation la plus profonde, la plus publique, la plus durable, la plus inouïe, fortifia de plus en plus son goût pour cette femme adroite et experte au métier. »

Évidemment, ce n'est point d'après les mémoires rancuniers de Saint-Simon, non plus que d'après les lettres apocryphes de *La Beaumelle* qu'il faut juger madame de Maintenon. Voyez sur cette femme supérieure, M. de Noailles, *Histoire de madame de Maintenon*, Paris, 1848, 2 v. in-8, et Théophile Lavallée, *Madame de Maintenon*, etc. Mais quelle que soit la haute estime que mérite à beaucoup d'égards madame de Maintenon, son mariage avec Louis XIV n'en fut pas moins pour le Grand Roi « une humiliation profonde, » et un scandale qu'aussi bien il n'osa jamais déclarer.

Le Dieu nous apprend que toutes ces pro-
motions, tous ces honneurs lui furent à la
fois décernés par l'opinion et refusés par
la Cour (1). « Quelques-uns, écrivait La
Bruyère, pour étendre leur renommée, en-
tassent sur leur personne des pairies, des
colliers d'ordre, des primaties, la pourpre, et
ils auraient besoin de la tiare; mais quel

(1) Le Dieu, *Mémoires et Journal*, t. I, p. 173.
« Dans les vacances qui sont arrivées, M. de Condom a été désiré à Beauvais, à Lyon, à Sens, à
Châlons, et ces Églises lui écrivaient leurs vœux,
le priant de venir les gouverner. C'était à qui l'aurait. — *Id.*, t. II, p. 66, 8 juillet 1700. « Nous avons
le plaisir d'entendre dire dans tout Paris, par les
petits et par les grands, que le dernier chapeau
était dû à M. de Meaux. C'est l'entretien de toutes
les conversations, et c'est une plus grande gloire
à ce prélat de mériter cet honneur par le témoignage du public, qu'à un autre de l'obtenir par une
intrigue ou une faveur de la Cour. » — *Id.*, *ibid.*,
p. 181, avril 1701. « Depuis la mort de M. de Cler-
mont, évêque de Noyon, qui laissa un cordon de

besoin a Trophime d'être cardinal (1) ? » La Bruyère pensait à Bossuet. Ni l'importance et la sincérité de ses services, ni l'excellence de son génie, ni l'incorruptibilité de son caractère ne purent, semble-t-il, racheter aux yeux de Louis XIV l'obscurité de sa naissance (2). Il sortait d'une famille de robe. La bassesse seule peut-être l'eût mis de pair avec la foule des gentilshommes qui encombraient les antichambres du Grand Roi ; mais

l'ordre vacant, outre celui qui avait été repris à M. le cardinal de Bouillon, le bruit courut que M. de Meaux en aurait un, jusque-là que quelques-uns de ceux qui l'approchent lui en firent compliment, lors même qu'il n'en avait aucune espérance. M. de Meaux reçut fort mal ce compliment. »

(1) *Les Caractères ; du Mérite personnel.*

(2) A l'occasion de la vacance de Beauvais, Louis XIV aurait dit « que l'évêché de Beauvais était *un comté-pairie*, et que la naissance de l'évêque *ancien* de Condom ne pouvait permettre de l'élever avec convenance à ce haut degré d'hon-

Bossuet fut exempt de bassesse. Comme souvent il arrive, l'homme, en politique, valut mieux que ses maximes.

En somme, s'il fallait résumer l'impression que m'a laissée l'étude de la *Politique tirée des propres paroles de l'Écriture Sainte*, je dirais qu'en dépit des vices essentiels qui annulent en très-grande partie cet ouvrage, Bossuet m'y est encore apparu tel que je me l'étais figuré à méditer ses autres écrits : l'intelligence la plus imperturbable de son siècle, une des plus sûres inspirations que notre âge même puisse, à certains égards, consulter.

Certes, nous avons d'autres idées et des

neur. » Que ces paroles aient été prononcées ou soient controuvées, il n'en reste pas moins que Châlons, comté-pairie ainsi que Beauvais, fut bientôt donné à un homme de grande naissance, Louis-Antoine de Noailles, plus tard archevêque de Paris. Cf. M. Floquet, *Bossuet précepteur du Dauphin*, p. 537, 541.

idées plus justes que Bossuet sur l'origine,
la nature, l'organisation et le rôle du pouvoir, sur la liberté de conscience, sur la liberté civile, sur la liberté politique ; ce sont
là autant de progrès dus aux développements
de la raison, au laps des années, aux souffrances de nos pères.

                         « *Qui sanguine nobis*
        Hanc patriam peperere suo. »

Bossuet réfléchit dans un style d'une simplicité souveraine la majesté et la faiblesse d'un
passé disparu, grâce au ciel, sans retour. Mais
Bossuet n'en reste pas moins le représentant
par excellence d'un principe sans lequel il
ne saurait y avoir de liberté véritable, du
principe d'autorité. La liberté dans l'autorité, c'est là, je le sais, la quadrature

de la politique. Cependant, je m'assure que cette quadrature aussi peut et doit être résolue par des approximations successives.

FIN

TABLE DES MATIÈRES

IV.

V

VI

VII

FIN DE LA TABLE

Paris. — Imp. L. Poupart-Davyl, 30, rue du Bac.